AF297628

DOCUMENTS INÉDITS ET PEU CONNUS

RELATIFS À LA DÉCOUVERTE DU CŒUR

DE

DU GUESCLIN,

Dans l'Église des Jacobins de Dinan,

ET A SA TRANSLATION

DANS CELLE DE SAINT-SAUVEUR DE LA MÊME VILLE,

précédés

D'UNE NOTICE BIOGRAPHIQUE,

Ayant rapport aux plus hauts faits de ce grand Capitaine du moyen-âge, (avec gravures),

LE TOUT RECUEILLI, MIS EN ORDRE ET PUBLIÉ

Par Luigi ODORICI,

Conservateur de la Bibliothèque et du Musée de Dinan.

DINAN,

IMPRIMERIE DE J.-B. HUART

1850.

DU GUESCLIN.

DU GUESCLIN.

Documents inédits et peu connus relatifs a la découverte du Cœur de Du Guesclin dans l'église des
Jacobins de Dinan, et a sa translation dans
celle de Saint-Sauveur de la même ville,
précédés d'une Notice biographique
ayant rapport aux plus hauts
faits de ce grand capitaine
du moyen-age.

Le tout recueilli, mis en ordre et publié

PAR

LUIGI ODORICI,

Conservateur de la Bibliothèque & du Musée de Dinan.

DINAN,

TYPOGRAPHIE DE J.-B. HUART.

1850.

L'Éditeur de ce Recueil accomplissant un devoir cher à son cœur, l'offre, comme un témoignage public de reconnaissance, au vénérable nonagénaire, Charles NÉEL DE LA VIGNE, au zèle duquel la ville de Dinan doit la découverte et la conservation du Cœur de Bertrand Du Guesclin.

L. O.

L'Ukraine de ce [illegible] ne [illegible] [illegible]
[illegible] chez [illegible] son nom. [illegible] [illegible]
[illegible] publie de reconnaissance de
[illegible] [illegible], [illegible] [illegible]
[illegible], [illegible] [illegible] la ville de [illegible]
la [illegible] [illegible] la [illegible] [illegible]
[illegible]

A egregie cose il forte animo accendono
L'urne dé forti..........,...... , e bella
E santa fanno al peregrin la terra
Che le ricetta.......................
FOSCOLO.

Les dépouilles des grands hommes
élèvent l'esprit, et font belle et sainte,
aux yeux du pélérin , la terre qui les
reçoit.

DUGUESCLIN.

Du Guesclin,

nez de la nation de Bretaigne, et nombré ou
nombre des preulx.

Au temps et regne Phelippe le roy de France, filz de Charles,
conte de Vallois, frere de Phelippe-le-Bel, roy de France et
de Navarre, qui en son vivant engendra troys filz, desquelz
l'ung après l'aultre, depuis le trespassement dudit Phelippe-le-
Bel, leur pere, furent couronnez roys de France par la succession du derrain; et desquelz le royaulme descendit et escheut
audit Phelippe de Vallois, nepveu ainsné dudit Phelippe. En
ce temps estoit en Bretaigne ung chevalier nommé Regnaud
du Guesclin, seigneur de La Mote de Bron, ung fort chastel
et bien seans à dix lieues de Regnes. Le chevalier fut preudons,
loyal et droicturier envers Dieu et le monde, renommé de grant
prouesse et de hardement. Sur toutes riens aimoit l'eglise pour
la reverence de nostre Seigneur, de qui tous biens viennent;
confortoit les povres et leur faisoit aulmosnes. Vray est que
de celluy chevalier et de sa femme, qui moult de saincte vie
estoit et bien renommée en son païs, yssirent trois fils des-
quelx l'ainsné eut nom Bertrand, dont en ses jours courut tant
de renommée par toute terre et chrestienne et sarrazine, que
il fut craint et redoubté. Le second eut nom Guillaume, qui
moult valut, mais peu vesquit. Et le tiers eut nom Olivier,
qui ores regne conte de Longueville. A la haulte prouesse
d'icelluy Bertrand, ne se peut nul comparer en son vivant,
dont Charles, roy de France, le retint son connestable et chief

de toutes ses guerres. Mais pour ce que les chevaliers de jeunesse desirent grandes vaillances ouyr et voulentiers racompter, sont cy les faiz d'icelluy Bertrand ramentevez depuis le temps de sa jeunesse jusques a son trespassement, selon ce que trouvé est en ses faiz qui sont escriptz ès faiz des roys de France, en l'esglise de monseigneur sainct Denis, en France.

Bertrand du Guesclin, ainsné filz de Regnaud du Guesclin, fut de moyenne stature; le visaige brun, le nez camus, les yeulx vers, large d'espaules, longz bras et petites mains. Mais pour ce que de grant beaulté n'estoit-il pas plein, fut pou prisé en sa jeunesse, et souventes fois advient que l'enfant moins prisé en sa jeunesse, reçoit en ses jours avancement et grant honneur. Il advint a une feste de Ascension que a La Mote de Bron vint une converse, qui jeune, avoit esté et estoit de grant science. Celle converse reparoit souvent en l'ostel du sire de Bron, qui debonnairement la recevoit, et a ce jour la fit asseoir a sa table. Si regarda la converse, que a la table seconde estoyent assis les trois enfans; et tout au dernier bout estoit assiz Bertrand, qui estoit l'ainsné; mais pou de compte et moings que les aultres en tenoit le chevalier. Elle considera et advisa la maniere de Bertrand, et au lever de la table, print l'enfant qui estoit en l'eage de six ans, et, après ce qu'elle luy eut regardé les mains et veu sa philozomie, elle demanda au chevalier et a la dame pourquoy on le tenoit si villainement. La dame respondit : Belle amie, en verité, cest enfant est tant rude, malicieux, et divers en couraige, que oncques son pareil ne fut veu; car jà homme tant soit de hault lignaige ne lui fera ou dira son desplaisir que tantost il ne soit par lui frappé, bien sommes, monseigneur et moi, souventes fois doulens pour les griefs qu'il fait aux aultres enfans du païs, car jà ne cessera de les faire assembler pour les faire combattre, et lui mesmes combat avecques eulx, dont monseigneur et moy desirons souvent sa mort, ou que oncques ne fut né. A celle parolle respondist la converse : Madame, je vous afferme que sur cest enfant je voy ung tel

signe, que par lui seulement le royaulme de France sera essaul-
cié, ne de son temps ne sera nul qui puisse estre à lui comparé
de chevalerie. De ce se commença la dame a esjouyr, et d'illec
en avant le tint plus chier. Tant creut Bertrand, qu'il vint en
l'eage de neuf ans, et print une coustume qui assembloit les
enfans et les partissoit par batailles, et souvent les faisoit combattre si longuement, que plusieurs des enfans s'en repen-
toyent et s'en retournoyent navrés en leur maison, et lui mesmes y estoit blecié et ses robbes desrompues. Quand la dame
veoit ainsi Bertrand demener moult estoit dolente, et lui disoit :
Maloustru, maulvaisement vous souvient du hault honneur a
quoy vous dit la converse que vous devez venir ; mais certes,
elle vous advisa mal, car, en verité, je ne le pourroye croyre.
De ce ne tint compte Bertrand, ainçois fit fait quintaignes et
joustes d'enfans, et maniere de tournois, selon le sentement
qu'il en pouvoit avoir ouy racompter : car adoncques l'on faisoit tournois parmi le royaulme de France. Ainsi se maintint
Bertrand jusques a ce que les gens du païs firent plainte au
sire de Bron de son filz, qui leurs enfans guerreoit en telle
maniere. Adonc fit crier le sire du Guesclin et de Bron, que nul
ne laissast aller leurs enfans avec Bertrand. Quant Bertrand
vist et apparceut que nul enfant ne le vouloit plus suyr, il se
prenoit a eulx, et les faisoit combattre a lui oultre leur gré.
Adoncques retournerent les peres des enfans devers le sire de
Bron, faire leur plainte de son filz, lequel il fit emprisonner.
Si advint que ung soir une chamberiere portoit a menger a
Bertrand ; ainsi comme elle ouvrist l'uys de la prison, Bertrand
en yssit et lui osta les clefz, et l'enferma dedens, puis s'en alla
de nuit en l'une des maisons de son pere, et là print une jument
et s'en alla a Regnes. Le sire de Bron avoit une suer a Regnes,
mariée a ung chevalier de grant honneur, qui a Regnes de-
mouroit. Là se trahit (1) Bertrand, et quand la dame son hante
l'apparceut, elle fut moult liée (2) de sa venue, pour ce que

(1) Se retira.
(2) Joyeuse.

desjà avoit ouy parler de son maintien, et lui dit : Ha ! beau
nepveu, mal ressemblez la rasse dont vous estez issu, qui ainsi
vous demenez villaynement. Là estoit le chevalier marry de la
dame, qui lui dist : Dame, laissez a Bertrand soy acquiter de
jeunesse. Puis dist a Bertrand : Beau nepveu, l'ostel de ceans
est vostre. Dont Bertrand le mercia moult debonnairement

A Regnes demoura Bertrand avec son oncle longuement et
moult changea de ses manieres ; puis fut son pere appaisé envers luy et retourna en son hostel. Et tant creut Bertrand qu'il
fut en l'eage de douze ans. Adonc lui bailla le sire du Guesclin
chevaulx et harnois, et d'Illec en avant suyvit les joustes, armes
et tournoyments ; et tant fut large et faisant dons et presens aux
gentilz hommes qui par la terre de son pere passoyent, que en
brief temps fut acointé des chevaliers et renommé de largesse.
Et entre ses aultres manieres avoit de coustume que se aulcun
povre querant l'aumosne, s'il n'avoit argent, il se devestoit et
donnoit sa robbe pour l'amour de Nostre Seigneur : dont son
pere l'avoit moult chier plus que de nulle chose qui fust en lui.
Or advint que les barons de Bretaigne tindrent a Regnes unes
bien grans joustes et de l'entreprise fut le sire du Guesclin,
pere de Bertrand, et avec luy Bertrand qui moult desirant estoit
de jouster ; mais pour ce que trop jeune estoit, son pere ne
voulut point qu'il joustast.

Au jour des joustes se armerent chevaliers de plusieurs contrées, a Regnes. Là eust grant feste et y eust des dames et des
damoyselles, des bourgoys et des bourgoyses. Les chevaliers
vindrent sur la place des joustes, qui de l'empire estoient ve-
nus et furent receuz tous chevaliers et escuyers. Et sur tous
ceulx qui bien feroient la journée donnoit le pris le seigneur
du Guesclin. Il advint que par ceulx de dehors jousta ung
escuyer parent de la dame du Guesclin et moult bel et longuement se maintint a la jouste, puis retourna en l'ostel ou logié
estoit Bertrand qui l'escuyer congnoissoit. Et le suyvit en la
chambre où desarmer se vouloit et se agenoilla devant luy, en
luy requerant qu'il luy voulsist prester son harnoys pour jous-

ter : dont l'escuyer qui le congnoissoit luy respondit doulcement : Ha! beau cousin, ce ne devés pas requerre, mais tout
prendre comme le vostre. Dont fut moult joyeux Bertrand.
Puis arma l'escuyer Bertrand moult secretement, puis luy
bailla cheval de joustes et varlet pour le servir et gouverner.
Joyeusement vint Bertrand sur le champ et quant il se vit sur
les rans, il ferit son cheval des esperons appertement contre
ung chevalier, et le chevalier contre luy. Bertrand qui oncques
mais n'avoit jousté ferit le chevalier par le heaulme de telle
force, qu'il luy mist hors de la teste. De ce coup cheut le chevalier et son cheval occiz. Quant les heraulx virent le rude coup que
fait avoit celluy qu'on ne congnoissoit, et ne savoyent quel cry
crier, ils commencerent tous à crier : A l'escuyer adventureux.

Adoncques piqua Bertrand, chevauchant les rans, et tant fist
ce jour qu'il n'y eust nul de ceulx de dedans qui ne doubtas-
sent le rencontrer et si ne savoyent qu'il estoit. Quant le sire
du Guesclin qui toute jour avoit eu le pris apparceut la
contenance de ceulx de dedans, il fiert cheval des esperons
et s'adressa contre Bertrand son filz, lequel congneut son pere
a ses paremens. Adonc laissa Bertrand sa lance cheoir. Le sire
du Guesclin qui son filz ne congnoissoit s'esmerveilla dont il
luy avoit la jouste reffusé ; et lors s'assembla avec ses aultres
compaignons ; en leur demandant s'ils savoyent qu'il estoit,
ne comment ils le pourroyent savoir. Par le conseil du sire du
Guesclin, fut dit que l'ung des chevaliers de dedans yroit contre
luy et mettroit peine de le desheaulmer et par ce le pourroit
on congnoistre. Dont partit ung escuyer, qui de grant prouesse
estoit et de grant vertu, et vint contre Bertrand et le deshaul-
ma. Lors fut Bertrand cogneu de ceulx de son lignaige et de
son pere qui moult joyeux en furent, et sur tous ceulx qui joie
en firent. le sire du Guesclin, pour le bien qu'il vit en son filz,
fut moult joyeux. Celle journée l'aima tellement que d'illec en
avant le tint moult chier, et lui babandonna toute sa terre.
Quant la dame du Guesclin ouyt ces nouvelles de Bertrand son
filz, a qui le pris fut donné des joustes de Regnes, ne demanda

nul si elle le receust a grant joye. Adonc lui souvint des pa-
rolles de la converse. Au partir des joustes, s'en alla le sire du
Guesclin a La Mote de Bron avec son filz, auquel il bailla grand
estat pour suyr joustes et tournoyemens. Briefvement tant fit
Bertrand, que de lui courut grant renommée en la duchié de
Bretaigne.

En ce temps regnoit en Bretaigne le bon duc Jehan, qui en
tout son temps fut bon françois, preudhons et joyeux, et loyaulment avoit servi le roy Phelippes de Valloys. Contre le roi
Phelippes guerreoit le roy Edoart d'Angleterre, qui tant fit par
l'ayde des Flammans, Alemans, Galloys, Hunyers (1), Bre-
bansons et gens de plusieurs nacions a luy alliez, qu'il mist le
siège devant la cité de Tournay. Quant le roy Phelippes le
sceut, il manda les princes de son royaulme. Au mandement
du roy, alla le bon duc Jehan de Bretaigne a grant harnois,
accompaigné de ses barons ; et briefvement le roy assembla
quatre cens lances, et s'en partit pour aller contre Edoard.
Tant chevaucha par ses journées a Mons en Henault. Quant la
contesse de Henault, qui vefve estoit, et par devocion s'estoit
rendue abaisse de Fontenelles, sceut que le roy Phelippes son
frere venoit, et le roy Edoard qui sa fille avoit espousée, tant
se peyna la dame que toutes-voyes (2) furent prinses entre les
roys treves en esperance de paix. Adonc fut levé le siège, et
s'en retournerent les roys, chascun en sa contrée ; et quant le
roi Phelippes fut retourné en France, il donna congié a ses
princes et moult les mercia de leur secours. Et sur tous les
aultres le bon duc fut honnoré et festoyé ; puis print congié du
roy et s'en retourna en Bretaigne où moult fut receu honno-
rablement. Pour la grant renommée qui de Bertrand couroit
en Bretaigne, desiroit moult le bon duc Jehan a le veoir, et
pour ce le manda et il vint devers luy. Là le receut le bon duc
Jehan a son service, et, en tous les voyages qu'il fit pour le

---

(1) Ou plutòt *Hennuyers,* habitants du Hainaut.
(2) Toutefois.

roy, le mena avec luy et en sa compaignie. Ne demoura pas
longuement que le bon duc Jehan trespassa, dont le païs fut
moult endommagié (1).

Devenu illustre par cette aventure, notre jeune héros s'em-
pressa de chercher au service militaire des occasions de gloire
plus utiles, et fit ses premières armes sous le comte de Blois,
au siège de Rennes, en 1342.

A la tête de vingt soldats, il repoussa un corps considé-
rable d'anglais devant Vannes.

En 1351, il reparaît, mais déjà redoutable aux ennemis,
pour qui son cri de guerre :

Notre-Dame-Guesclin!

semblait être un coup de foudre, ce qui prouve qu'il n'était
pas resté dans l'inaction pendant ce vide de huit années,
à compter du siège de Rennes jusqu'à celui de Vannes.

Vers la fin de 1351, Du Guesclin est du nombre des ambassa-
deurs chargés de conduire à Londres les deux fils du comte de
Blois qui devaient servir d'ôtages à leur père, pris au combat
de la Roche-Derrien, en juin 1347.

Du Guesclin, dans cette occasion, se distingua par la fer-
meté avec laquelle il osa parler à Edouard III, au sujet de la
Bretagne, sa patrie, théâtre de la guerre.

De retour en Bretagne, il battit et fit prisonnier un capitaine du parti anglais, nommé la Toigne, qui, peu de temps
après, le fit prisonnier à son tour.

Pendant que le duc de Lancastre assiégeait Rennes, en
1356 et 1357, Du Guesclin, qui n'avait pu s'enfermer dans la
place, fatiguait l'armée anglaise par des escarmouches con-
tinuelles; il fit prisonnier le baron de la Esole et lui donnait
une pleine liberté, à condition d'obtenir pour lui, du duc de
Lancastre, la permission d'entrer dans Rennes. Le duc la

---

(1) Nous avons emprunté ces renseignements (*écrits en langue ro-
mane*) à la Chronique de Du Guesclin, collationnée sur l'édition originale
du XVᵉ siècle, par le savant M. Francisque Michel, de l'École Royale des
Chartes.

refusa en disant : « *J'aimerais mieux qu'il y entra cinq cent gens d'armes que le seul Du Guesclin.* »

Celui-ci justifia le mot du duc en trouvant le moyen de pénétrer dans la place et d'en faire lever le siège.

Ce guerrier, non moins redoutable dans les combats singuliers que dans les batailles, remporta constamment la victoire contre Troussel, contre Panebrok, parent de celui qui, au combat des *Trente*, était le chef du parti anglais, et contre Thomas de Kantorbie.

En 1359, le duc de Lancastre vint assiéger Dinan. Du Guesclin courut s'enfermer dans cette place, dont la défense était confiée au chevalier de Penhoët, appelé le Tort-Boiteux. La ville fut bientôt réduite aux abois, et ses habitants prièrent Lancastre de leur accorder une trève de quarante jours, après lesquels ils promettaient de se rendre s'ils n'étaient pas secourus.

Pendant cette trève, un chevalier anglais, Thomas de Kantorbie, illustre de naissance et de courage, ne craignit pas de faire prisonnier, contre toute justice, Olivier Du Guesclin, frère de notre héros, qui, tout seul, se promenait hors de la ville. A cette nouvelle, Bertrand s'écria : « *Par Saint Yves !* » et aussitôt, sur un cheval, se présente à la tente du duc.

Thomas de Kantorbie, irrité du courage de Du Guesclin, lui jette aux pieds son gant. Bertrand se hâte de le relever, et dit : « *Oncques ne mangeray que trois soupes au vin en nom* « *de la Trinité, jusqu'à tant qu'aye faict et accompli le* « *gaige.* »

Le combat eut lieu dans l'enceinte de la ville ; le duc de Lancastre et plusieurs chevaliers de sa compagnie y assistèrent. Thomas de Kantorbie fut désarmé, abattu, vaincu par Du Guesclin, qui l'eût immolé à sa juste colère si le sire de Penhoët n'eut intercédé en sa faveur.

Peu de jours après le siège de Dinan fut levé.

Ce singulier combat eut lieu sur la place où l'on tenait le

marché, qui, en 1823, lors de l'érection de sa statue pédestre, a pris celui de *place du Champ Du Guesclin* (1).

Du Guesclin ne combattit d'abord les Anglais qu'en servant contre la maison de Montfort, le comte de Blois qu'il regardait comme le vrai duc de Bretagne. Ayant pris dans la suite du service auprès du roi Jean, il redoubla de valeur contre les ennemis de son pays.

A la prise du château d'Essé, en Poitou, une poutre manque sous lui, il tombe d'une hauteur extraordinaire dans la cour du château et se casse une jambe; il combat en s'appuyant sur l'autre.

Le Dauphin (après Charles V), en assiégeant Melun, vit un chevalier monter à la brèche avec un courage extraordinaire. Ah! s'écria le Dauphin, *ce ne peut être que Du Guesclin*; c'était lui-même.

De soldat le voilà général : il ouvre le règne de Charles V par la victoire de Cocherel, le 23 mai 1364. L'impétueuse indocilité du comte de Blois lui fait perdre, dans cette même année, la bataille d'Auray, qui décida du sort de la Bretagne et de la querelle des maisons de Montfort et de Penthièvre. Le comte de Blois y est tué, Du Guesclin y est fait prisonnier par Chandos, et n'en est pas moins regardé comme le maître de ses vainqueurs.

Du Guesclin, sorti des fers de Chandos, entreprend de purger la France des *grandes compagnies*, fléau né de la guerre. Ces affreux brigands, 25,000, se mettent volontairement sous son commandement, et les conduit en Espagne pour détrôner

---

(1) M. Victor Aubry (enfant de cette ville), qui a encore plus de mérite que de renommée, dans un petit poëme intitulé *Dinan*, s'exprime ainsi en faisant allusion à ce combat singulier :

« Quand le soleil, brillant dans un ciel sans nuages,
D'un torrent de lumière inonde ces rivages,
Ah! qu'il est doux d'errer sous ces tilleuls si frais,
Où du grand Du Guesclin la figure guerrière
Semble nous dire encore : Ici, dans la poussière,
Mon pied vainqueur foula l'anglais. »

un monstre. Ce monstre est Pierre-le-Cruel, roi de Castille.

Après de courtes batailles, Pierre-le-Cruel, en 1366, est forcé de chercher un refuge chez les Maures, en Afrique. Henry de Transtamare, frère naturel de Pierre, étant proclamé roi de Castille, Du Guesclin revient en France. Mais le Prince-Noir (duc de Galles), en 1367, s'étant armé pour Pierre-le-Cruel, on ne sait pourquoi, car le Prince-Noir était le plus vertueux, le plus humain des princes de son temps, Du Guesclin repasse aussitôt en Espague à la tête de 10,000 hommes.

Le comte Tello, frère de Henry de Transtamare, qui devait appuyer avec ses gens d'armes les forces de Du Guesclin, s'enfuit dans le commencement de l'attaque, et Du Guesclin est fait prisonnier.

Pierre-le-Cruel remonte sur le trône, et paie de la plus noire ingratitude les services du Prince-Noir. Celui-ci l'abandonne et met en liberté Du Guesclin.

La princesse de Galles, femme du Prince-Noir, le taxa à 20,000 livres de France pour contribuer à la rançon de 100,000 florins que Du Guesclin s'était lui-même imposée. A cette offre généreuse, Du Guesclin s'écria gaiement : « Je me croyais le plus laid de tous les chevaliers, mais après une telle faveur d'une telle princesse, je ne me donnerais pour le plus beau et le plus vaillant. » Chandos et d'autres capitaines anglais offrirent leur bourse à Du Guesclin, qu'il accepta. Le Pape lui donne 20,000 francs, le duc d'Anjou autant. Du Guesclin croit porter cette somme à Bordeaux ; avant d'y arriver, il avait tout donné pour racheter les autres ; mais Charles V lui envoya aussitôt le total de la rançon.

Pendant que Du Guesclin était en France, Pierre-le-Cruel, à la tête de 30,000 Maures et de 30,000 Espagnols, arrive à Tolède. Du Guesclin court aussitôt à la rencontre de cette armée formidable, et, avec 12,000 hommes seulement, défait complètement l'*armée* du tyran. Le carnage fut terrible, Don

Pedro est fait prisonnier au château de Montiel, et le lendemain, 23 mars 1369, les deux frères s'étant rencontrés sous
la tente de Du Guesclin, se jetèrent l'un sur l'autre sans qu'on
pût les séparer, et, dans un combat dont frémit la nature,
dont peut-être l'honneur rougit, ce fut du moins le tyran
qui succomba.

Cette mort pacifia l'Espagne, et Du Guesclin revint en
France avec le titre de Connétable de Castille.

La guerre ayant recommencé entre la France et l'Angleterre, Du Guesclin vend toute sa vaisselle d'or qu'il avait reçue
du roi de Castille, et, avec cette somme, lève jusqu'à 4,000
hommes d'armes; la noblesse se joint à lui, et avec cette pe-
tite armée, mais choisie, il va chercher les ennemis, qui
avaient tout ravagé cette partie de la France, à commencer
par Calais jusqu'à Villejuif, près Paris.

Il les attaque et dissipe la formidable armée de Knolles.
Du Guesclin est fait Connétable de France le 2 octobre 1370.
Du Guesclin, dans le cours de cette guerre, reprit presque
toute la Guyenne, le Poitou, la Saintonge, le Périgord, une
partie du Limousin et notamment Limoges. Ce ne fut qu'une
suite de conquêtes et de victoires.

En 1372, Du Guesclin est fait capitaine de la ville et du château de Nantes, qu'il venait de soumettre à Charles V.

Le roi de Navarre, Charles-le-Mauvais, soulève la Normandie. Le connétable Du Guesclin soumet la Normandie.
Le duc de Bretagne, en 1373, appelle les Anglais; Du Guesclin, breton, soumet la Bretagne et prend Fougères, Saint-
Aubin-du-Cormier, Rennes, Dinan, Ploërmel et Concarneau.

Mais lorsque Charles V prononce solennellement la confis-
cation de ce duché, Du Guesclin redevient breton; son silence et son inaction condamnent la mesure du Roi.

Couvert de gloire, mais abreuvé de dégoûts, ayant appris
que les siens et ses amis le regardaient comme ennemi de son
pays, part pour rejoindre Henry de Transtamare. Arrivant à
Châteauneuf-Randon, il y rencontre son frère d'armes, le

Connétable de Sancerre, qui faisait le siège de ce château. Là il veut illustrer sa sortie du Royaume par un dernier fait d'armes. Le gouverneur, à l'arrivée de Du Guesclin, demande et obtient une halte de quinze jours.

« Durans les treves prinses par les Anglois du Chastel-neuf de Randon rendre, messire Bertrand, qui siege y tenoit, accoucha au lit de la mort. Et quand de la mort se vit si approucher (1), devotement receut les sacremens et par devers luy fit venir le mareschal de Sancerre, lequel il tenoit moult bon chevalier, messire Ollivier de Mauny et la chevalerie de son siege, ausquelz dit : Seigneurs, de vostre compaignie me fauldra briefvement partir pour la mort, qui est à tous commun. Par voz vaillances et non par moy m'a tenu fortune en grant honneur en toute France, en mon vivant, et a vous en est deu l honneur, qui mon ame a vous recommande. Certes, Seigneurs, bien avoie intencion de briefvement par voz vaillances achever les guerres de France, et au roy Charles rendre tout son royaulme en obéissance ; mais compaignie a vous ne puis plus tenir doresnavant. Et nou pourtant je requiers Dieu, mon créateur, que couraige vous doient toujours envers le roy, que par vous, sire mareschal, et par voz vaillances et de toute la chevalerie, qui tant loyaulment et vaillamment se sont toujours portez envers luy, ses guerres soient affinees. Monseigneur le mareschal et vous aultres messeigneurs, qui cy estes, d une chose vous vueil requerre, dont m ame finera en grant repoz se faire se povoit. Et diray quelle : vous sçavez, Seigneurs, que Anglois ont prins envers moy journee de leur chastel rendre : dont en mon cueur je

(1) Le Testament et le Codicille de Du Guesclin feront suite aux pièces justificatives annexées à la fin de cette publication.

desire moult que , avant ma mort, Anglois rendissent le
chastel. Dès parolles de messire Bertrand eurent toute la
chevalerie grand pitie que nul ne le sçaurait dire. Lung
regardoit l autre en plourant, en faisant le non pareil dueil
que l'on veist oncques et disoient : Hélas ! or perdons nous
nostre bon pére et capitaine, nostre bon pasteur qui tant
doulcement nous nourrissoit et seurement nous conduisoit ,
et se bien et honneur avons , c'est par luy. O honneur et
chevalerie , tant perdras quant ces tuy deffinera ! Et plusieurs autres regretz faisoient ceulx de l ost tellement que
ceulx du chastel aucunement lapparceurent ; mais pourquoy c estoit ne sçavoient riens. Ainsi passa la journee,
ne du roy anglois n eurent aulcun secours ceulx du chastel. Et lendemain vint le mareschal de Sancerre devant le
chastel et le capitaine du chastel manda , lequel tantost
vint a luy; et moult doulcement lui dit le mareschal de
Sancerre : capitaine et amis, de par monseigneur le connestable , vous viens requerre que le chastel et les clefz
rendez et vos hostaiges aquitez , selon voz promesses.
Courtoisement respondit le capitaine : Sire , vray est que
a messire Bertrand avons convenances , les quelles nous
tiendrons, quant nous le verrons et non a aultre. Amis,
dit le mareschal, se de par luy ne venisse, je ne le vous
disse point. Certes, sire je vous tiens a bien leur mes-
sagier et aux compaignons de la garnison me conseilleray
sur voz parolles ; puis vous en feray response, s il vous
plaist apres disner. A ce s accorda le mareschal Loys de
Sancerre , qui devers messire Bertrand *ala* et ce qu'il
trouva aux Anglois luy racompta. A donc approucha messire Bertrand de sa fin et bien le cougneust. Pour ce ,
manda que l on luy apportast l espee royalle , la quelle
luy fut apportee. Et en sa main la print et puis dit, par
devant tous , ces parolles : Seigneurs , entre qui j ay en

honneur dès mondaines vaillances, dont pou suis digne, payer me fault le truaige de la mort, que nul n'espargne. Premièrement vous prie que envers Dieu vueillez avoir pour recommander mon ame. Et vous Loys de Sancerre, qui de France estes mareschal, plus grant honneur avez bien deservi, vous recommande mon ame, ma femme (1), et tout mon parenté. Au roy Charles de France, mon souverain seigneur, me recommanderes, et ceste espee, soubz qui est le gouvernement de France, de par moy luy rendres : car en main de plus loyal ne la puis mectre en garde. Et apres cette parolle fit le signe de la croix sur luy. Et ainsi trespassa de ce siecle le vaillant messire Bertrand du Guesclin, qui tant valut en ses jours, dont par le regnon de sa loyaulté est nommé le Xeme des preux.

Et pour sa mort demeure grant dueil la chevalerie de France et d'Angleterre. Et jaçoit ce que aux Anglois il fut contraire, si l aimoient-ilz pour sa loyaulté et droicture et pour ce que amiablement et sans dure prison et rançons les tractoit et gouvernoit quant il les avoit. »

Ainsi finit cette vie si longtemps exposéa toute entière aux regards du monde ; ainsi passa cette époque, l'une des plus importantes de notre histoire pour les destinées de la France. ; ainsi tomba la glorieuse épée du petit gentilhomme de Broons, du preux champion de Dinan, du formidable capitaine breton, du maréchal de Normandie, du seigneur de Pontorson, du comte de Longueville, du connétable de France, de la plus héroïque figure du moyeu-âge,

BERTRAND DU GUESCLIN !!!

---

(1) Jeanne de Laval Tintiniac. Sa première femme, Thiphaine Raguenel, étant morte sans enfants en 1372, Du Guesclin épousa Rennes, en janvier 1374, la fille de Jean de Laval Tintiniac, qui ne lui donna point de postérité.

BALLADE.

Cy après ensuyvent les armes lesquelles portoit monseigneur Bertrand du Guesclin.

L'escu d'argent à i. aigle de sable
A ij. lez (1) et à i. rouge baston
Portoit le preux, le vaillant connestable,
Le bon Bertrand du Guesclin en surnon.
A Bron fut né le chevalier breton,
Fier et hardi, couraigeux comme i. tor (2),
Qui tant ama de loyal cuer et bon
L'escu d'azur a trois fleurs de lis d'or.

A luy n'estoit chevalier comparable,
En son vivant, pour certain ce dit-on,
Ne qui tant fust aux armes convenable,
Pour vaincre gens ou abatre penon.
Or est-il mort : Dieu lui face pardon!
Pleust or à Dieu que il vesquit encor!
Si deffendist de ce liepar felon (3)
L'escu d'azur a trois fleurs de lis d'or.

Pour ses grans fais soit escript en la table
Machabeus et des preux de renon,
De Josué, David le raisonnable,
D'Alixandre, d'Ector et Cesaron,
Artus, Charles, Godefroy de Billon,
Et soit nommé le dixième dès or
Bertrand le preux qui servit com preudom
L'escu d'azur a trois fleurs de lis d'or.

---

(1) Têtes.

(2) Taureau

(3) Le poète parle ici de l'Angleterre, dont les armes étaient alors *de gueules aux trois léopards d'or passants l'un au-dessus de l'autre.*

BALLADE.

Plourez, princes, ducs et barons,
Tous chevaliers, escuiers et bourjois!
Plourez, Normans, Angevins et Bretons
La mort du preux connestable françois,
   Le bon Bertran du Guesclin!
Plourons trestuit, soyons à Dieu enclin,
Pour son ame prier, c'est bien raison :
Car loialement defendi de cuer fin
Les fleurs de lis du lieupart felon.

Hardis estoit et fier comme lyons,
Li valereux chevalier et courtois
Sa baniere et ses nobles penons
Très fierement demonstroit sur Englois;
   Il les mettoit à declin
Par sa valeur. Or li soit Dieu à fin,
Et nous ottroit avoir tel champion
Qui garder puist par proesce et engin
Les fleurs de lis du lieupart felon!

Soit enterrez entre les roiaulx bons
Son vaillant corps par honnour, c'est bien drois;
Car puis le tamps des neuf preux, plus preudons
En fait d'armes ne fu, si con je crois
   Tout dis vray et enterin.
A son seigneur estoit le palazin,
Bien y apert a ses fais de renom.
Or veille Dieux garder le très begnin
Les fleurs de lis du lieupart felon!

PROCÈS-VERBAL

DE LA

TRANSLATION DU CŒUR DE DU GUESCLIN

l'ans l'Église de Saint-Sauveur de Dinan.

—∞—

—◦《 9 JUILLET 1810. 》◦—

—∞—

POUR remplir le vœu de Son Excellence le Ministre de l'Intérieur, manifesté par la lettre qu'il écrivit le 3 Frimaire, An XIII, à M. Charles Néel, sous-préfet de cet arrondissement communal, alors maire de cette ville, dont copie sera jointe au présent, et auquel vœu les circonstances ont, jusqu'à ce jour, empêché de satisfaire; Nous, Raymond Le Chevalier, maire de Dinan, certifions et rapportons qu'en conformité du programme à Nous adressé par ledit M. le Sous-Préfet et les dispositions concertées entre ce Magistrat et Nous, susdit Maire, la translation du Cœur du Connétable Bertrand Du Guesclin, s'est faite de la manière suivante, ce jour 9 Juillet 1810 :

Aux cinq heures du matin, le bruit du canon et le son lugubre des cloches de toutes les églises et de l'horloge ont annoncé la cérémonie.

1

M. le Sous-Préfet avait fait dresser dans son hôtel une chambre ardente, représentant une grotte sépulcrale, décorée d'une guirlande de crêpe, d'attributs funèbres, des armes du Connétable et de celles de Typhaine Raguenel, née à Dinan, première épouse de Du Guesclin qui, lui-même, prit naissance à Broons, l'une des communes de cet arrondissement, peu distante de cette ville.

Un autel de forme antique, surmonté d'une urne cinéraire, renfermant le Cœur du Connétable, enveloppé de sa boîte de plomb, aussi de la forme d'un cœur, était placée au milieu de la grotte. Sur le pourtour de l'autel, éclairé par plusieurs bougies, on lisait diverses inscriptions analogues, dont quelques-unes tirées de l'histoire du héros, et les autres du discours qu'a prononcé M. le Sous-Préfet. On a remarqué celles-ci :

Il fut proclamé le dixième des Preux. Il triompha dans le cercueil. *Nominatus est usquè ad extrema terræ.* Il fut l'épée et le bouclier de la France.

Deux ecclésiastiques ont veillé auprès du cœur pendant son exposition.

M. le baron Boullé, préfet du département, M. le baron Caffarelli, évêque, membres de la Légion-d'Honneur ; M. le général Henri Boyer, commandant de la Légion-d'Honneur, chevalier de la Couronne de Fer et commandant le département, avaient été invités à la cérémonie.

M. le Préfet, attendu la réunion du Conseil-Général, Mgr l'Évêque, parce qu'il se trouvait en tournée dans un point éloigné de cette ville, ont témoigné leur vif regret de ne pouvoir s'y rendre.

M. le Général, se trouvant absent pour affaires de service, n'avait pu recevoir l'invitation ; mais le hasard l'ayant conduit en cette ville, il s'est réuni à MM. les Fonctionnaires publics civils et militaires, à MM. les Maires des communes, à MM. les Juges de paix des cantons environnants, MM. les Membres de la Légion-d'Honneur, MM. les Administrateurs de l'Hospice civil, MM. les Membres du Bureau de bienfaisance, MM. les Professeurs du Collège, MM. le Sous-Commissaire de la Marine et les Syndics, MM. les Avocats, Avoués, Notaires, Marguilliers, Fabriciens des paroisses, tous les Militaires pensionnés, retirés en cette ville ; enfin, toutes les personnes invitées pour former le convoi.

A dix heures, le Clergé des paroisses de la ville, auquel s'étaient joints plusieurs curés et desservants de l'arrondissement et MM. les Chapelains de l'Hospice et du Collège, est venu se réunir processionnellement aux autorités civiles et militaires et aux fonctionnaires. Il a été introduit dans l'une des salles de l'hôtel de M. le Sous-Préfet, disposé à cet effet.

M. le Sous-Préfet a prononcé le discours suivant :

« *Messieurs*,

» Lors de la découverte du Cœur du Connétable Bertrand Du Guesclin, je fis constater son extraction du tombeau qui lui avait été érigé dans l'église des Dominicains de cette ville, par un procès-verbal circonstancié, rapporté par MM. les Juges de paix des deux cantons de cette ville. J'en adressai des expéditions à M. le Préfet de ce département et au Ministre de l'Intérieur. S. Exc., en accusant la réception de la dépêche, m'invita à faire replacer le cœur dans une Église, avec la pierre sépulcrale et autres accessoires. S. Exc. ajoutait que ce serait remplir les intentions du Connétable, celle de ses contemporains et le vœu du Gouvernement actuel. Des circonstances ont retardé cette translation. Il est dans l'ordre qu'elle se fasse dans l'église Saint-Sauveur, puisque celle où reposait une des parties les plus précieuses des restes de cet homme célèbre était comprise dans l'enceinte de cette paroisse. Votre église, monsieur le Curé, va recevoir ce précieux dépôt.

» Messieurs, ce serait ici le lieu de faire le récit des hauts faits de l'illustre héros, mais je craindrais de les affaiblir en vous les retraçant ; la Renommée s'en est saisie, l'histoire les a consacrés.

» Je me bornerai à rappeler à votre souvenir que Du Guesclin fut nommé le dixième des Preux ; que ce fut à à lui, à lui seul, qu'il dut son élévation. Né dans une condition qui l'éloignait du trône, il ne devait pas espérer d'en approcher de si près ; mais telle fut la force de son génie, qu'il sut fixer les regards du Monarque ; que de simple soldat, il s'éleva par tous les degrés aux postes les plus éminents, aux commandements généraux, aux dignités de Connétable de Castille, de Connétable de France ; que l'épithète qu'on avait coutume de joindre à ce dernier titre, si éclatant d'ailleurs, devait flatter son cœur magnanime ! On le nommait le *Bon Connétable* : qualité, Messieurs, qu'il possédait éminemment et qu'il préférait à celles plus pompeuses, plus bruyantes, de *vaillant*, de *conquérant*, de *brave*.

» Du Guesclin, après avoir vécu en grand capitaine, fidèle à son Roi, mourut en héros chrétien, fidèle à son Dieu. Parmi les illustres guerriers, peut-être est-il l'unique qui ait triomphé dans le cercueil ?

» D'après l'ordre du Roi, son corps fut transporté à Saint-Denis. Le Connétable avait exprimé le vœu que son Cœur fût placé dans l'église des Jacobins de cette ville, auprès de l'humble tombeau de Typhaine Raguenel. Il voulut donner à cette épouse vertueuse cette dernière preuve de l'affection tendre qu'il avait toujours éprouvée pour elle ; le Monarque respecta son vœu.

» A la translation de son corps, les Anglais, ces ennemis implacables de notre nation, les Anglais mêmes, qu'il venait de vaincre, lui donnent des larmes, comme au héros le plus magnanime, le plus loyal qu'ils avaient eu à combattre. Partout où passe le corps du Connétable, les voûtes des temples retentissent de ses louanges : un silence morne l'accompagne dans sa marche ; il n'est interrompu que par les sanglots, les prières ferventes adressées à l'Eternel pour le supplier d'ouvrir son sein miséricordieux à cet illustre guerrier.

» Au Mans, cette ville qu'il défendit si vaillamment et qu'il préserva de la fureur du Léopard, le convoi du Connétable est reçu par le peuple, avec un respect religieux ; il arrose de larmes amères le cercueil du héros. Il reçoit les honneurs du triomphe dans cette cité reconnaissante. Et quel glorieux triomphe ! Du Guesclin n'existait plus.

» Le Roi, qui savait apprécier ce serviteur fidèle, incomparable et par les services qu'il en avait reçus et par ceux qu'il en attendait encore, si la parque, l'inexorable parque, n'eût pas tranché sitôt le fil de ses jours, le Roi voulut qu'on fît à notre héros des obsèques dignes de lui ; il voulut qu'il fût inhumé à Saint-Denis, sépulture des Rois, près du tombeau préparé d'avance pour recueillir la dépouille mortelle du Monarque même : distinction insigne dont nul autre que lui n'avait encore été honoré.

» Messieurs, il était dans la destinée de ce grand homme de recevoir plusieurs fois les honneurs de la sépulture.

Dix ans après la mort de Bertrand du Guesclin, Charles VI, partageant avec son prédécesseur les sentiments d'estime et de reconnaissance dont ses services l'avaient pénétré, veut aussi donner des preuves éclatantes de sa vénération pour sa mémoire. Il ordonne qu'on lui fasse de nouvelles obsèques. Elles eurent également lieu avec toute la pompe réservée à la Majesté Royale.

» L'Evêque d'Auxerre prononce son éloge funèbre. Bien pénétré de la grandeur de son sujet, ces mots lui servirent de texte : *nominatus est usquè ad extrema terræ.* Paroles simples, mais sublimes, qui peignent bien toute l'étendue de la gloire du héros. En effet, Messieurs, le nom de Du Guesclin est accompagné de tant d'illustration qu'il a retenti dans toutes les contrées; que seul il rappelle le souvenir des actions les plus brillantes, du dévoûment le plus sublime à la Patrie, au Prince; il est le type de toutes les vertus.

» Plus de quatre siècles se sont écoulés depuis cette époque de deuil et de consternation, où la mort ravit à la France ce grand homme de guerre, qui en fut et l'épée et le bouclier. Quel nouvel et éclatant hommage rendu à sa mémoire! Dans son casque, le grand Napoléon fait distribuer le prix de la valeur. Il vous en fut plus précieux encore, braves soldats. — Le temps qui, dans sa course rapide, renverse et détruit tout ce qu'il rencontre sur son passage, avait respecté le tombeau du héros Breton; mais les malheurs, presque toujours inséparables d'une grande révolution; les commotions qu'elle excite; les troubles qui les suivent, pénètrent jusques dans le parvis du temple antique; ils franchissent le seuil du sanctuaire; une main sacrilège ose fouiller la sépulture de cette longue série de têtes couronnées. Rien n'est sacré pour elle : tout disparaît sous cette main impie. Les restes des Rois, qui reposaient en paix depuis tant de siècles, sont profanés. Les vôtres le furent aussi, magnanime Bertrand ; mais vous aviez une sépulture impérissable dans le cœur des vrais Français, des bons, des francs, des loyaux Bretons. Votre Cœur était en sûreté au milieu des habitants de cette contrée, de cette ville, qui vous nomment, avec orgueil, leur concitoyen. Il était sous la sauvegarde de leur vénération : vous lui aviez assigné sa véritable place.

» D'impérieuses circonstances les ont forcés à le déplacer ; ils l'ont fait avec le sentiment du respect : ils le reporteront dans un temple auguste. Dans leur marche funéraire, ils s'arrêteront sur cette Place où votre âme généreuse, irritée de la perfidie du déloyal Cantorbie, le força de rendre hommage à votre valeur. Ils proclameront le nom de ce champ-clos que vous illustrâtes par votre victoire : il s'appellera le Champ-Duguesclin.

» Marchons, Messieurs, marchons dans le recueillement et le deuil ; Guerriers, chargez-vous de ces précieux restes ! à vous était réservé cet honneur insigne. Vos Magistrats vous suivront ; ils mêleront leurs sanglots aux chants plaintifs des Lévites du Seigneur. Ils s'éléveront jusqu'au Dieu des Armées. Nous ne nous séparerons qu'après avoir placé sur l'urne funéraire une couronne de cyprès et conduit l'auguste dépôt dans le lieu qui lui est préparé. »

Après un court intervalle, M. le Sous-Préfet a repris la parole et a dit :

« Messieurs,

» Cette lugubre cérémonie nous rappelle la perte funeste que nous avons faite du Duc de Montebello, ce héros cher à toute la France qu'il a tant illustrée. Vous fûtes, Monsieur le Général, compagnon de sa gloire. Pour le peindre

d'un trait, cet illustre Guerrier, il suffit de dire qu'il possédait l'estime du Grand Homme qui tient les rênes de
l'Empire. — Répandons des larmes sur sa tombe : il mourut au champ d'honneur. Ses dernières paroles furent un
vœu pour le bonheur de sa Patrie à qui sa vie entière fut
consacrée. Heureux le Prince qui est servi par de tels
hommes ! »

M. le Grand-Vicaire, Curé de Saint-Sauveur, a lu le
discours dont suit la transcription :

« Monsieur le Sous-Préfet,

» Organe du Clergé de cette ville, fidèle et naturel
interprète des Ouailles qui me sont confiées, je viens,
au nom de tous, vous offrir les plus vifs remercîments
du dépôt précieux que vous faites à l'Eglise où vous fûtes
régénéré par le Saint Baptême.

» Si le Cœur de l'illustre Connétable Du Guesclin, la
partie la plus noble de son être et la plus aimante de
soi-même, fut le gage le plus sensible de son amour pour
Dinan, où il livra des combats et remporta des victoires
sur cette même Place qui va porter son nom, si ce Cœur,
plein de tendresse pour Typhaine Raguenel, Vicomtesse
de la Bellière, sa première et sa courageuse épouse, lui
fit désirer de se réunir à elle dans le même tombeau,
est le plus beau présent qu'il put faire à une cité témoin
et heureuse de ses exploits, ce don que vous avez conservé
avec tant de précautions et de soins, mérite de la part
de vos Administrés le témoignage le plus éclatant de leur
reconnaissance : c'est à vous, Monsieur, qu'ils devront
l'érection d'un monument si ardemment désiré et si longtemps attendu. Il attestera à la postérité la plus reculée
les sentiments que je vous exprime ; il conservera à jamais le souvenir des hauts faits du plus célèbre Breton,

qui, comme Général, ait fait rejaillir plus de gloire sur la Patrie et sur une famille dont il existe encore des membres, dignes de lui, présents à cette pompeuse et funèbre cérémonie.

» Elle rappellera, en voyant ce cœur si passionné pour la gloire et l'honneur de la France, je pourrais dire des Espagnes, toutes ses actions mémorables, tous ses prodiges de courage, qui lui valurent l'insigne prérogative d'avoir sa sépulture parmi celles des Monarques français. Encore un instant, Messieurs, et vous entendrez un orateur les célébrer dans la Chaire de la Vérité, avec ce talent que vous saurez bien apprécier : vous l'écouterez, j'aime à le croire, avec d'autant plus d'intérêt que son éloquence est faite pour convaincre vos esprits et captiver vos cœurs ; le sien, naturellement sensible et ému par les circonstances si touchantes qui nous réunissent, vous fera la plus vive, comme la plus profonde impression. Vous verrez en lui le frère de ce digne Magistrat qui est au milieu de vous, que, comme nous, vous estimez vous aimez et vous honorez.

» C'est à ce respectable Pasteur, dont nous avons déjà admiré les vertus et l'art de bien dire dans les Chaires de cette ville, c'est à lui qu'il est réservé d'exciter encore votre sensibilité et votre admiration par le récit des faits glorieux et innombrables qui illustrèrent la vie et la mort du héros dont nous allons solenniser la mémoire ; c'est surtout à cette dernière heure qu'il est admirable ; c'est à cet instant qu'il démontra que s'il fut grand et invincible par le sort des armes, il le fut davantage par sa constance édifiante et héroïque pendant les douleurs et les angoisses de sa maladie. C'est surtout, Messieurs, à cet instant décisif de la destinée des hommes de tous les rangs et de toutes les conditions et de tous les prestiges de la

2

vanité, qu'il fut étonnant par sa ferme espérance de jouir d'une gloire qui ne finirait jamais.

» Eh! Messieurs, puis-je mieux terminer ce faible effort de mon impuissance qu'en empruntant les expressions d'un orateur fameux qui faisait l'éloge de Louis XIV : « Il fut » grand dans la guerre, *bello magnus*, plus grand pen- » dant la paix, *pace major*, et très-grand par sa foi et » sa religion, *religione maximus.* »

———

Le discours terminé, M. le Sous-Préfet a invité M. le Général et tous les Fonctionnaires à passer dans la salle d'exposition où s'était déjà rendu le Clergé qui, après avoir pris place autour de l'autel, a commencé la cérémonie religieuse par un *De profundis* chanté en faux-bourdon.

M. le Sous-Préfet, assisté de MM. le Président du Tribunal civil, le Maire de Dinan et de M. le Commandant d'armes, a présenté le cœur à M. le Grand-Vicaire; ce dernier l'a remis dans l'urne qui a été placée sur un Brancard préparé et disposé à cet effet.

Le Cortège ecclésiastique, les croix levées, précédé des Tambours, drapés en noir, et des Musiciens de la Garde Nationale, dont les instruments étaient revêtus de crêpes, a ouvert lentement la marche.

Venait ensuite le Brancard qui était porté par MM. le Commandant d'armes, M. Ménager, ancien officier de la République, et Serizay, ancien major de dragons pensionné.

Les coins du poêle étaient tenus par MM. De Castellan, ancien brigadier des Armées navales, Jaulin, Lemasson et Touron, capitaines d'infanterie retirés.

Les torches funéraires étaient portées par MM. l'Officier commandant la Gendarmerie, Lesvier, capitaine d'infanterie retraité, l'Officier du recrutement et Ferté, lieutenant d'artillerie retraité.

Le Brancard était précédé et suivi d'un peloton des Élèves du Collège communal en grande tenue, portant des crêpes aux bras et tenant à la main des branches de laurier et de cyprès. — Suivaient les Fonctionnaires publics, rangés dans l'ordre des préséances, ayant à la tête MM. le Général, le Sous-Préfet, le Président du Tribunal, le Maire de Dinan, celui de Broons et les Membres de la Légion-d'Honneur.—L'escorte était formée par les brigades de Gen - darmerie, des Douanes, des Sous-Officiers du recrutement et d'un détachement d'élite de la Garde Nationale, dans la meilleure tenue possible. — Les rues qu'a parcourues le Cortège étaient couvertes, en plusieurs parties, de branches de cyprès. — Le Cortège s'est d'abord dirigé vers la Place du Champ. Pendant la marche, le chant était interrompu par des airs lugubres, des coups de tambour frappés par intervalles ; les cloches sonnaient en deuil. — A l'arrivée sur la Place, les restes du Connétable ont été salués par treize coups de canon. — Un autel de forme monumentale avait été préparé sur la Place où Duguesclin vainquit, en champ clos, le perfide et déloyal anglais Cantorbie, au lieu que la tradition populaire assigne au combat. Le Brancard a été déposé sur cet autel. — Le Cortège l'a entouré; Nous, Maire de Dinan, avons proclamé que désormais cette belle Place porterait le nom immortel du Héros. Des tablettes sur lesquelles sont écrits ces mots : *Champ Duguesclin*, ont été attachées à toutes les encoignures des rues aboutissant a cette Place. — Après la proclamation, le canon s'est fait entendre et la musique a exécuté l'air : *Mourir pour sa patrie*, à grand orchestre. — Le Cortège ayant repris son ordre, a poursuivi sa marche et s'est rendu à l'église Saint-Sauveur. — La force armée a fait plusieurs décharges de mousqueterie sur le parvis du temple. — Une pyramide étincelante de feux et surmontée d'une urne cinéraire de grand modèle et forme antique, avait été disposée au-dessous du dôme de la flèche. — Une ceinture de drap noir, parsemée de larmes et de têtes de mort, coupée par intervalle des armes du Connétable et de celles de sa première femme, régnait autour de l'église. Des drapeaux, dont les cravates étaient formées de crêpes et rubans noirs, étaient appendus aux colonnes. — Le chœur était éclairé par des lampes sépulcrales. — Plusieurs inscriptions, en style lapidaire, se lisaient autour du catafalque. — Le Brancard et l'urne ont été déposés sur l'estrade préparée pour les recevoir. — Les Fonctionnaires et autres personnes convoquées ont pris les places qui leur étaient réservées. — L'Office divin a été chanté en grand chœur. — Les Musiciens ont exécuté divers morceaux d'harmonie appropriés à la circonstance. — La messe a été célébrée par M. le Curé de Saint-Sauveur avec toute la pompe religieuse possible. — Après l'Évangile, M. Faisant, curé de Bédée, a prononcé l'Oraison funèbre dont la transcription aura lieu à la suite du présent. — Les Fonctionnaires publics se sont assemblés près le catafalque, où un nouveau *Libera* a été chanté. — L'urne a été portée avec le plus grand respect dans le caveau disposé pour la recevoir. — Elle renfermait le cœur du Connétable et celui de sa femme, Typhaine Raguenel. — Elle a été scellée en présence du peuple. — La pierre sépulcrale, qui couvrait le cœur dans l'église des Jacobins, a été placée de manière qu'on puisse facilement lire l'épitaphe qui, avec un cœur et les armes du Connétable (une aigle éployée), est gravée dessus ; elle est ainsi conçue :

Cy : gist : le : cueur : de
missire : bertran : du : gueaquī
en : son : biuāt : conestable : de
frāce : qui : trespassa : le : xiii[e]
Jour : de : iullet lan : mil : iii[c]
iiii[xx] dont : son : corps : repos
auecques : ceulx : des : Roys
a sainct : denis : en : France :

Les armoiries du Connétable et de sa femme, Typhaine Raguenel, ont été placées dans le vitrail en face du monument (1). — Le procès-verbal de cette mémorable translation, gravé sur une plaque, sera incrusté dans le mur, auprès du tombeau, dans le lieu le plus apparent (2). — Le Cortège s'est formé de nouveau dans l'ordre du départ, pour retourner à l'hôtel de M. le Sous-Préfet où il s'est séparé.

De tout quoi nous avons rapporté le présent procès-verbal en quintuple expédition ; l'une, pour être adressée à S. Exc. le Ministre de l'Intérieur, par l'intermédiaire de MM. les Sous-Préfet et Préfet ; l'autre, envoyée à M. le Préfet ; la troisième, déposée aux archives de la Sous-Préfecture ; la quatrième, à celles de la Mairie, et la cinquième, remise à M. Néel, aux soins duquel on est redevable de la conservation du cœur du Connétable, de la pierre sépulcrale, des armoiries et autres accessoires, et qui en a fait don.

Signé : **LE CHEVALIER.**

---

(1) Ces armoiries furent brisées par la maladresse de l'ouvrier chargé de les placer, & les fragments en furent dispersés.

(2) Jusqu'à présent on a négligé de faire graver & incruster ce procès-verbal. Il serait à désirer qu'on réparât cet oubli, dans l'intérêt des étrangers & de la postérité.

ÉLOGE

DE BERTRAND DU GUESCLIN,

Connétable de France.

> « *Mittet eis salvatorem et propugna'orem*
> » *qui liberet eos.*
> » Dieu leur enverra un homme puissant dans
> » les combats, ponr les délivrer de leurs enne-
> » mis. »
>
> (Isaïe, ch. 19, ♰, 20.)

Cet éloge que le Saint-Prophète adresse à celui qui fut envoyé de Dieu pour délivrer l'Égypte du joug et des fureurs d'Antiochus, il me sera sans doute permis, Messieurs, de l'appliquer au héros chrétien que les décrets de la Miséricorde divine accordèrent à notre Patrie, pour la délivrer de ses ennemis !

Dans un siècle déjà reculé de l'époque où nous vivons, Bertrand Du Guesclin fut cet homme puissant, suscité par la Providence pour la défense de son pays. Mais ici, Messieurs, je sens, je l'avoue, toute mon insuffisance pour vous peindre dignement ce héros ! Que pourrai-je, d'ailleurs, vous dire que vous ne le sachiez d'avance ? Versés dans la science de l'histoire, vous connaissez jusqu'au moindre détail des actions de la vie publique ou privée du grand homme dont nous célébrons en ce jour la mémoire, si justement révérée de toute la Nation Française.

Vous le savez, Messieurs, il fut en tout temps le modèle du héros chrétien... Grand dans la guerre, il fut encore, s'il est possible, plus recommandable dans

la paix, qui fut toujours le but de ses travaux. S'il fut
terrible dans les combats, il ne cessa jamais d'être humain, miséricordieux même, au milieu des désastres
que la guerre entraîne après elle. Débonnaire et bon
citoyen dans la paix, il fut toujours renommé pour ses
vertus ; sa simplicité de mœurs et sa modestie égalaient
sa bravoure ; il était cher aux peuples, comme aux guerriers, qu'il consolait dans leurs malheurs... Sa géné-
rosité fut telle, qu'il employa plusieurs fois tous ses
biens pour snbvenir à leurs besoins ; il porta ce vertueux sentiment jusqu'à racheter la liberté de ses compagnons avec les sommes qu'il avait recueillies pour sa
propre rançon, content, après avoir brisé leurs fers,
de se remettre lui-même à la discrétion du vainqueur
qui ne pouvait se lasser d'admirer tant de vertus ! Il n'y
eut pas de son temps un guerrier qui montrât plus d'a-
mour pour sa Patrie, plus de dévoûment pour son Souverain ; toute sa vie est remplie d'actes de justice, de
prudence, de protection ; il fut l'asile de la vertu et des
mœurs : et les sentiments d'humanité qui caractérisent
surtout sa grande âme, l'ont élevé au-dessus de tous
les guerriers que l'histoire nous présente dans ces temps
malheureux de guerres intestines, de dévastations et de
fureurs. « En quelque pays que nous fassions la guerre,
disait-il aux capitaines qui le suivaient au Champ
d'honneur, souvenons-nous que les femmes, les enfants
et le pauvre peuple ne sont point nos ennemis. » S'il
fut le vengeur des Rois et le principal appui du Trône,
il fut aussi l'ami du peuple... Et à sa mort il fut pleuré
de toute la France et des ennemis eux-mêmes. Tel fut
ce grand homme que nos aïeux se plaisaient à appeler
le Bon Connétable.

Ainsi se manifesta, dans ces temps malheureux, cette vérité consolante que la Foi nous enseigne et qui se trouve rappelée dans les paroles de mon texte : qu'en quelque état d'affliction, d'oppression et de malheurs que les peuples fidèles soient réduits, ils doivent savoir qu'il est un temps marqué par les décrets de la Providence où elle suscitera l'homme puissant pour les délivrer de leurs ennemis, où elle leur enverra un consolateur qui fera succéder le règne de la paix, de la sagesse, de la religion et des mœurs, aux fléaux qui ont désolé les peuples et ravagé la terre. Eh ! dans quel temps, Messieurs, cette grande et importante vérité pourrait-elle être mieux sentie qu'à l'époque où nous vivons ? Vous m'avez sans doute prévenu dans l'application des paroles consolantes du prophète ! A Dieu ne plaise que je rappelle des souvenirs amers que la charité chrétienne nous ordonne d'étouffer ! A Dieu ne plaise que j'entre ici dans le détail particulier des désastres qui ont affligé notre commune Patrie ! Mais il est notoire que l'anarchie dévorait nos contrées, les autels profanés et détruits, les ministres du Sanctuaire massacrés ou proscrits, la religion abandonnée et sans appui. Le crime planant sur la France, le fer à la main, pour faire partout à la vertu une guerre impie. La France elle-même se déchirant de ses propres mains et résistant à peine, malgré la valeur nationale, aux peuples conjurés pour sa ruine ! Tel était l'état affreux de notre pays ; tels sont les fléaux dont nous devions être éprouvés. Mais le temps est venu où la divine Providence a consolé son peuple fidèle dans ses jours de miséricorde ; elle a suscité l'homme puissant dans les combats, comme dans les conseils, pour délivrer la France de ses nombreux ennemis et pour y

rappeler la paix, la gloire et le bonheur. — A la voix de cet envoyé de Dieu, les temples du Seigneur sont rétablis, ses autels relevés, ses ministres rappelés, et toutes les consolations de la Religion sont accordées aux peuples qui avaient été persécutés dans leurs plus douces et leurs plus saintes affections. — A sa voix puissante, les factions sont calmées; partout règne le bon ordre, les lois et les mœurs... Et des magistrats dignes par leurs vertus, leur science et leur dévouement pour le Souverain, de tous les respects et de l'amour des peuples, ont fait partout oublier ces temps malheureux et d'anarchie et d'oppression; tels sont les bienfaits dont nous sommes les témoins dans l'intérieur de notre Patrie. — Et au dehors, quel homme porta jamais aussi loin la gloire du Nom Français? Sans doute entre le XIV⁰ siècle, qui vit naître Du Guesclin, et le siècle où nous vivons, il est une extrême différence, Mais dans ces temps reculés d'ignorance et de barbarie. Du Guesclin fut aussi le sauveur de la France, et il fut grand autant qu'il était donné à l'homme de l'être. « Rap-
» pellerai-je ces temps malheureux où Édouard, après
» avoir disputé la couronne de France au premier des
» Valois, fut sur le point de l'arracher à son fils; où
» l'Anglais, maître de nos plus belles provinces, rava-
» geait les autres... Les villes prises et reprises, livrées
» tour à tour à la fureur du soldat, marquent cette mal-
» heureuse époque, bientôt suivie du désastre de Crécy et
» de la journée de Poitiers, plus funeste encore pour
» la France? Peindrai-je la Bretagne en proie aux mêmes
» fureurs pour la succession à la Couronne Ducale, et les
» deux partis soutenus par les deux Rois, déchirant leur
» Patrie? Le Roi de France prisonnier en Angleterre,
» l'autorité du Régent ou méconnue ou mal affermie, une

» guerre perpétuelle, des combats journaliers et sanglants,
» à peine suspendus par quelques trèves ménagées par
» les soins des ministres des Saints Autels, qui gémis-
» saient avec les peuples de ces épouvantables calami-
» tés!.... » Tel était l'état de notre triste Patrie lorsque
Du Guesclin parut dans la carrière des armes et s'y fit
bientôt distinguer pour le bonheur et le salut de la France.
C'est à peu de distance de cette ville, c'est à la journée
de Montmuran qu'il fut armé chevalier et qu'il donna
les premières preuves de sa valeur et de sa prudence. —
Il n'est point de notre ministère de raconter, encore
moins d'approuver, ces combats singuliers et si peu utiles
pour la cause commune, et qui compromettaient les jours
d'un homme qui devait être si utile à la France. — Mais,
nous devons le dire, ces querelles particulières lui furent
suscitées par la jalousie des chevaliers que l'éclat de sa
gloire éclipsait..... Et si les mœurs du temps et les lois
militaires d'alors semblent excuser ces combats en champ-
clos, il en est un, du moins, que nous devons citer,
parce qu'il eut pour objet la défense légitime d'un frère
et la nécessité de réprimer une infraction barbare faite
au droit des gens et aux lois de l'honneur. C'est sur la
Place publique de votre ville qu'il défendait contre l'Anglais ; c'est en présence des chefs des deux armées que
Du Guesclin combattit et vainquit le déloyal Cantorbéry
qui, contre la foi de la trève, avait fait prisonnier le
frère de notre Héros. — On sait avec quelle valeur et
quelle heureuse adresse il défendit la ville de Rennes et
parvint à porter le trouble et la désolation dans le camp
ennemi. — Mais bientôt une plus vaste carrière se présente à Du Guesclin. C'est au siège de Melun qu'il fixa
les regards du Régent de France et qu'il apprit à la Cour,

étonnée de sa valeur, qu'elle possédait l'homme puissant
qui devait être le vengeur de la France. Bientôt il ob-
tint le gouvernement de Pontorson et des Marches, qui
étaient alors les limites de la France et de la Normandie
soumise aux Rois d'Angleterre. C'est de ce point qu'il
s'avança avec ses braves compagnons pour secourir Charles
de Blois qui avait mis le siège devant Bécherel, qui était
alors une place forte et de grande importance. — Montfort,
son concurrent, accourt avec toutes ses forces au secours
de cette ville. C'est là que fut donné le mémorable défi
qui conduisit les deux armées dans la plaine d'Evran,
pour y décider par une bataille du sort des deux con-
currents. On allait en venir aux mains, lorsque de dignes
prélats, animés par l'esprit de la charité chrétienne,
parvinrent à ménager un accommodement entre les deux
chefs. A la voix de ces saints personnages, le glaive
menaçant tomba de la main de ces guerriers ; triomphe
à jamais mémorable qui fut celui de la Religion et des
vertus conciliatrices et pacifiques qu'elle recommande !
Je ne dirai point ce que notre Héros fit pour la défense
de Guingamp ; il suffit de rappeler que vaincu par les
prières des bons habitants de cette ville, il ne put leur
refuser son assistance, quoique son devoir l'appelât ailleurs ; et, dans l'espace de quelques jours, il les dé-
livra de leurs ennemis. — C'est surtout à la journée de
Cocherel que la France dut à Du Guesclin ces premiers
succès qui ranimèrent la bravoure française et consoli-
dèrent le Trône, en annonçant aux Anglais que leur
règne était passé..... Dans un seul jour, Du Guesclin
remporta contre eux deux victoires ; fit prisonnier de
sa propre main le général ennemi, et en fit hommage
au nouveau Roi, Charles V, qui venait de succéder à

son malheureux père. Bientôt notre Héros rendit à son pays un service plus signalé encore , en parvenant à mener en Espagne ces bandes formidables qui , pendant la paix , désolaient la France ; c'est avec ces guerriers qu'il punit un roi parjure, qu'il mit sur le trône de Castille le chef d'une nouvelle dynastie et sut l'y maintenir par sa constance et ses exploits. A son retour d'Espagne , il chasse les Anglais du Quercy et du Limousin. Et c'est après cette conquête et ses importants services rendus à l'État que le Roi résolut de donner à Du Guesclin l'épée de Connétable, que notre Héros refusa d'abord par modestie , mais que les acclamations de la France entière le forcèrent enfin d'accepter. Bientôt , à la tête de l'armée française , il poursuit les Anglais de province en province, de place en place ; les ennnemis font un dernier effort contre ce redoutable guerrier. Une bataille générale se livre..... L'acharnement est tel que trois fois le combat fut recommencé ; mais les Anglais vaincus , cèdent enfin le terrain et leur général est fait prisonnier par Du Guesclin, qui l'a vaincu en combattant contre lui corps à corps. Bientôt les provinces occupées par les Anglais sont rendues à la France : l'Auvergne , la Guyenne , la Normandie , le Poitou , l'Anjou , le Maine sont reconquis par sa valeur et par sa prudence ; et la France rendue à la paix et au bonheur , fleurit sous la protection de ce bras puissant. Enfin, le temps était venu où ce Héros chrétien devait terminer son honorable et vertueuse carrière , et le jour de sa mort fut encore un jour de triomphe pour ses vertus. Les clefs de la ville qu'il assiégeait furent remises sur son cercueil. Il fut pleuré de toute la France et surtout de la Bretagne, qui regardèrent sa mort comme une calamité publique. « Il s'était préparé avec une tranquillité

» d'âme admirable à ce grand passage, ne s'occupant que
» de son salut ; il reçut, avec une piété exemplaire, les
» sacrements de l'Église ; la cérémonie fut honorée par
» les larmes et les gémissements des assistants, et le
» Héros mourant fit voir qu'une âme vraiment chrétienne
» sait allier l'espérance avec le repentir de ses fautes,
» et la confiance en Dieu avec les frayeurs de la mort. »
Sa dépouille mortelle fut depuis transportée au tombeau
des Rois ; mais, suivant ses ordres, son cœur fut ap-
porté et inhumé dans l'église des Dominicains de cette
ville, berceau de ses aïeux et témoin de ses premiers
exploits. Ce grand cœur devait y être, pour ainsi dire,
une semence de héros pour l'avenir ; de ses cendres devaient renaître d'autres cœurs dignes de le remplacer.
— Dépositaires du cœur de ce Héros, dont les vertus
et les bienfaits sont toujours présents à votre mémoire,
vous lui élevez, Messieurs, un monument digne de vos
sentiments et de sa gloire ! Ah ! si parmi cette foule de
grands-hommes connus dans nos annales, il était permis d'en choisir un pour le placer auprès de lui, le grand
Turenne serait peut-être celui qui paraîtrait le plus propre
à être mis en parallèle avec le Bon Connétable, ainsi
appelé longtemps après sa mort. Leurs monuments, à
l'un et à l'autre, serviront, dans tous les siècles, à
enflammer le courage de nos guerriers ; et, à l'exemple
de ce grenadier qui fut surpris aux Invalides aiguisant
son sabre sur le tombeau du Maréchal, vous pourrez
voir, Messieurs, se répéter, dans ce temple, ce beau
sentiment d'énergie ; et quelques-uns de nos jeunes militaires viendront aussi faire toucher leurs armes à cette
pierre qui recouvre le cœur de notre Héros, pour voler
de suite à la victoire, conduits par ce génie consola-

teur et réparateur que la Providence a envoyé dans des
jours mauvais pour nous gouverner et nous défendre !
Afin que nous sachions tous que si les temps de tribu-
lation, de guerres et de désastres sont des épreuves et
des châtiments de la divine Providence, elle n'oublie
pas les peuples fidèles et suscite, dans les temps mar-
qués par ses décrets, l'homme puissant qui doit les délivrer de leurs ennemis ; et qu'alors les hommes, ainsi
rappelés à Dieu, doivent mettre en lui toute leur confiance, afin de recueillir dans ce monde, et surtout
dans l'Éternité, les bénédictions réservées pour ceux
qui, dans l'affliction comme dans la prospérité, savent
rendre hommage à son Saint Nom.

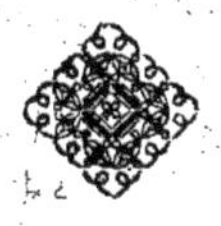

PIÈCES JUSTIFICATIVES.

LETTRE ÉCRITE, LE TROIS FRIMAIRE AN XIII,
PAR SON EXCELLENCE LE MINISTRE DE L'IN-
TÉRIEUR A MONSIEUR CHARLES NÉEL,
ALORS MAIRE DE DINAN.

J'AI lu avec intérêt, Monsieur, votre lettre du 10 Fructidor dernier, et le procès-verbal que vous avez fait dresser le 6 du même mois au sujet de l'extraction du Cœur du Connétable Bertrand Du Guesclin et de celui de Typhaine Raguenel, sa première femme, du tombeau où ils étaient renfermés dans l'église des Dominicains de Dinan, dont vous êtes propriétaire. Le Gouvernement et toute la Nation Française vous doivent des remercîments, Monsieur, pour le respect religieux avec lequel vous avez recueilli les restes d'un héros qui a tant illustré la France. — La ville de Dinan doit s'empresser de les replacer, ainsi que ceux de sa femme, dans une église de Dinan, en y rapportant le tombeau, la pierre sépul-crale, le vitrail et tous les accessoires qui se trouvent aujourd'hui dans l'église des Dominicains. Elle remplira, par là, les intentions de Du Guesclin, celles de ses con-temporains et le vœu du Gouvernement actuel.

Je vais écrire au Préfet des Côtes-du-Nord pour l'ins-truire de l'autorisation que je donne à cette dépense, afin qu'il puisse l'admettre dans votre budget.

J'ai l'honneur de vous saluer,

SIGNÉ : CHAMPAGNY.

Pour copie conforme :

Le Sous-Préfet,

SIGNÉ : CH. NÉEL.

Dinan, le 24 décembre 1808.

Le Sous-Préfet de Dinan,

A Monsieur le Maire de cette ville.

Monsieur le Maire,

J'ai reçu votre lettre du 20 de ce mois par laquelle vous me participez votre intention d'élever un monument pour honorer la mémoire du célèbre guerrier, Bertrand Du Guesclin. J'approuve votre idée de faire placer son Cœur dans une des chapelles de l'église Saint-Sauveur, mais je pense qu'il conviendrait mieux que le monument fût élevé sur la place qui porte son nom, pour rappeler au public les exploits de ce grand homme et pour perpétuer le souvenir qu'il mérite.

Afin de parvenir à ce but, on pourrait proposer d'ouvrir une soumission pour obtenir la somme jugée nécessaire à la réussite de ce projet.

J'ai l'honneur de vous saluer,

CH. NÉEL.

4

Dinan, le 4 juillet 1810.

Le Sous-Préfet de Dinan,

A Monsieur le Maire de cette ville.

MONSIEUR,

Je pense qu'il convient d'ajouter au programme de la cérémonie de la Translation du Cœur du Connétable Bertrand Du Guesclin les dispositions suivantes :

1° Le Cœur sera présenté à **M.** le Curé de Saint-Sauveur par le Président du Tribunal, vous, Monsieur le Maire, le Commandant d'armes et moi.

2° Le brancard sur lequel sera déposée l'urne funéraire sera porté par les deux militaires les plus élevés en grade, résidants en cette ville.

3° Les coins du poêle seront tenus par **M.** le Commandant d'armes et trois autres militaires du grade le plus élevé après ceux-là.

4° Les torches seront remises à **MM.** les Officiers de gendarmerie et de recrutement et à deux autres officiers retraités, toujours dans l'ordre du grade et d'ancienneté de service.

5° Deux membres de la Légion-d'Honneur que vous désignerez, ainsi que les officiers dont il est question ci-dessus, porteront la couronne de cyprès.

Je crois qu'il convient aussi d'inviter à la cérémonie, à laquelle on ne peut donner trop de splendeur, outre les fonctionnaires appelés par la loi aux cérémonies publiques, savoir :

MM. les membres du Conseil d'arrondissement, demeurant dans cette ville;

Alberge, Carillet et Hardy Dubignon ;

Le Receveur de l'arrondissement ;

Les Administrateurs de l'Hospice ;

Les Professeurs du Collége ;

> Attendu qu'il n'y a pas de Gardes Nationaux en grand nombre ayant l'uniforme, M. le Principal du Collége sera invité à envoyer à la cérémonie ceux seulement de ses pensionnaires pourvus d'uniformes.

Le Sous-Commissaire de marine;

Les principaux employés des droits réunis ;

— — — des douanes ;

Le Receveur de l'enregistrement;

Le Contrôleur des contributions directes ;

Le garde-magasin des vivres ;

Le chapelain de l'Hospice ;

Les Dames de Saint-Thomas; ⎫
— — de la Sagesse. ⎭ Pour l'Eglise.

La gendarmerie, les sous-officiers du recrutement, les employés des douanes seront sous les armes; on leur adjoindra un certain nombre d'hommes de la Garde Nationale, choisis parmi ceux qui ont des uniformes ou, au moins, qui sont bien couverts.

La grosse cloche de l'horloge sonnera en deuil, c'est-à-dire des coups par intervalle, depuis le départ du convoi de la Sous-Préfecture jusqu'à son entrée à l'église.

On disposera des places, pour les fonctionnaires publics et autres personnes invitées, dans le chœur. Comme il est trop petit pour contenir tout le monde, les bancs et les bancs latéraux du chœur seront réservés à quelques personnes qu'ils appartiennent. **MM.** les fabriciens devront être prévenus de cette disposition; s'ils faisaient quelques difficultés, les bancs seraient déplacés et on y substituerait des fauteuils.

Nul autre que les fonctionnaires ne devra entrer dans le chœur.

Une place particulière sera préparée pour la musique, à moins qu'on ne juge convenable de l'établir dans le centre du chœur.

La cérémonie devant être longue, je crois qu'on peut la faire commencer à dix heures, si cette heure convient à **M.** le Curé, avec qui je prie **M.** le Maire de s'entendre à cet égard.

La proclamation pour prévenir les habitants de la cérémonie devra la précéder de quelques jours. Si **M.** le Maire le juge convenable, il invitera à tenir les boutiques fermées pendant le temps que durera la cérémonie, et seulement dans les rues où passera le convoi, qui devront être balayées, purgées d'immondices et de tout obstacle. J'omettais de parler du clergé des deux paroisses : je vous prie de leur adresser une invitation expresse et de vous entendre avec **MM.** les Curés pour ce qui concerne l'objet du culte.

Nous avions provisoirement fixé la cérémonie à 9 heures : mais en invitant **M.** le Préfet à venir la présider, je lui disais que cette fixation était soumise à sa volonté. Ce magistrat est absent et n'a pu, conséquemment, me la faire connaître. Dans ce moment où le Conseil général est assemblé, je ne crois pas qu'il puisse s'absenter. Je suis d'avis, en conséquence, qu'on la reporte au treize, jour anniversaire de la mort du Connétable. Peut-être aurais-je une lettre de **M.** le Préfet vendredi; dans le cas contraire, nous la fixerons ce jour-là irrévocablement.

Je me repose, **M.** le **Maire**, sur votre zèle, qui m'est bien connu, pour donner à cette auguste cérémonie tout l'éclat possible, et vous prie de faire les invitations à tous les fonctionnaires publics et autres personnes désignées. Je me charge seulement d'inviter **M.** le Maire de Broons, sur le territoire de laquelle commune Du Guesclin naquit(1).

Vous m'avez paru désirer faire l'invitation spéciale à quelques uns de vos collègues des communes environnantes : avec plaisir j'y verrai figurer tous ceux que vous croirez devoir y appeler.

Ne pensez-vous pas qu'il convient aussi d'inviter le Collége des Avocats, Avoués et MM. les Notaires ?

J'ai l'honneur de vous saluer,

CH. NÉEL.

---

(1) La colonne monumentale élevée à Du Guesclin sur l'emplacement du château de la Motte-Broons, où naquit notre héros, a été placée en 1842.

Je ne saurais m'empêcher de signaler un grand oubli de la part de l'administration départementale (mettant de côté un simple procès-verbal de l'érection de cette colonne, qui n'existe pas), celui de n'avoir pas encore fait graver, dans le piédestal, l'inscription suivante :

ICI NAQUIT BERTRAND DU GUESCLIN.

Cette courte légende suffirait, je crois, pour faire connaître au voyageur le motif du placement de ce monument au milieu d'une campagne presque déserte et sur le bord de la grande route.

Espérons que le Conseil municipal de Broons, à son tour, portera son attention sur cette négligence et ne tardera pas à faire graver cette indication si essentielle pour les étrangers.

Saint-Brieuc, le 4 juillet 1810.

L'Evêque de Saint-Brieuc,

MEMBRE DE LA LÉGION-D'HONNEUR, BARON DE L'EMPIRE,

à Monsieur le Maire de la ville de Dinan.

Monsieur,

Je suis sensible à la gracieuse invitation que vous me faites, et je regrette de ne pouvoir assister à la Cérémonie de la Translatiou du Cœur du brave et immortel Du Guesclin. Je dois poursuivre la visite que j'ai indiquée dès le mois d'avril dernier dans les paroisses de l'arrondissement de Loudéac ; et c'est par le même motif que je suis privé de présider un service funèbre qui sera célébré par ordre de S. M. I. et R. vendredi prochain, à dix heures du matin, dans l'église cathédrale, pour le Maréchal Duc de Montebello.

Agréez, Monsieur le Maire, l'assurance de ma parfaite considération.

Par ordre de Mgr l'Evêque de Saint-Brieuc :

MANOIR,

VICAIRE-GÉNÉRAL DU DIOCÈSE.

Dinan, le 5 juillet 1840.

Le Sous-Préfet de Dinan,

A Monsieur le Maire de cette ville.

MONSIEUR LE MAIRE,

J'ai omis de comprendre au nombre des personnes que je crois convenable de convoquer à la cérémonie de la Translation du Cœur de Bertrand Du Guesclin;

MM. les Membres du Bureau de bienfaisance;

Beslay, législateur;

Les Marguiliers et Fabriciens des deux paroisses.

J'ai l'honneur de vous saluer,

CH. NÉEL.

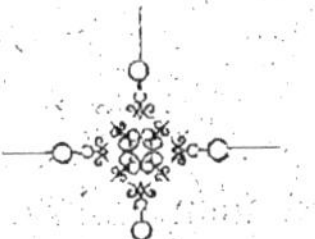

PROGRAMME

DE LA

CÉRÉMONIE FUNÈBRE

Relative à la Translation du Cœur

DE

BERTRAND DU GUESCLIN.

ARTICLE PREMIER.

Le cœur, après avoir été extrait de la boîte où, lors de sa découverte, il fut renfermé par les soins de **M.** Néel, alors maire de Dinan, et qui fut scellée, sera déposé dans une urne funéraire, en présence de **M.** Le Chevalier, Maire de cette ville.

ART. 2.

L'urne sera placée sur une estrade d'honneur dans un des appartements de la maison de **M.** Néel, Sous-Préfet de l'arrondissement. Cette estrade sera décorée d'une manière analogue.

ART. 3.

Le jour de la Translation, qui sera annoncé à l'avance par des affiches imprimées, tous **MM.** les Membres du Clergé viendront, à l'heure convenue et indiquée, prendre le Cœur à l'hôtel de la Sous-Préfecture. Il sera remis à **M.** Caron, grand-vicaire de **M.** l'Evêque de ce départe-

ment et curé de la paroisse Saint-Sauveur, dans l'église
de laquelle il sera déposé, par M. Néel, Sous-Préfet de
l'arrondissement, M. le Président du Tribunal civil, M.
le Maire et M. le Commandant d'armes.

ART. 4.

L'urne sera placée sur un brancard, disposé convena-
blement; il sera porté par deux militaires résidants en
cette ville, choisis parmi les plus élevés en grade.

ART. 5.

Les quatre premiers fonctionnaires publics, civils et
militaires, tiendront les coins du drap ou poêle, quatre
torches funéraires seront portées par des militaires, les
plus anciens et les plus élevés en grade.

ART. 6.

Le cortège, escorté par la Gendarmerie, la Garde Nationale, et précédé par la musique militaire, passera par
les rues de Léhon, Sainte-Claire, place Du Guesclin. A
son arrivée sur la dernière place, les précieux restes de
l'illustre Connétable seront salués par une salve d'artillerie.
Au moment même, les cloches de l'horloge, qui auront été
décochées d'avance, sonneront en deuil.

ART. 7.

Immédiatement après la décharge d'artillerie, les membres de la Légion-d'Honneur placeront sur l'urne une couronne symbolique, faite de cyprès.

ART. 8.

Des tablettes sur lesquelles seront inscrits ces mots,
Champ Du Guesclin, seront attachés à toutes les encoi-

gnures des rues aboutissantes à ladite place. M. le Maire
de Dinan proclamera que cette belle place, célèbre par
la victoire que l'intrépide Du Guesclin, encore jeune, y
remporta sur le perfide anglais de Kantorbie, portera,
désormais, le nom immortel de notre héros (1).

ART. 9.

Le cortège poursuivra sa marche par les rues de la
Ferronnerie, de la Chaux, de l'Apport, de la Larderie
et place de la Concorde ou de Saint-Sauveur.

ART. 10.

L'escorte fera une décharge de mousqueteries à l'entrée
de l'église.

ART. 11.

L'urne funéraire sera déposée sur le catafalque qui
aura été préparé à cet effet, par les soins de M. le Maire,

---

(1) L'inauguration de la statue pédestre de Du Guesclin eut lieu le 25
août 1823.

Cette cérémonie fut précédée d'un banquet, donné par souscription,
à l'hôtel de la Mairie, etc. *Le procès-verbal* ajoute :

« La gaîté la plus franche et la plus grande harmonie régnèrent, pendant tout le repas, entre tous les convives. Lorsqu'on servait les vins
de dessert, M. le marquis de la Vieuville, député, porta un toast au
Roi, lequel fut suivi de quatre autres, portés *à la famille Royale et
aux Bourbons*, par M. Sevoy, Sous-Préfet, — *au Duc d'Angoulême et
à l'armée Française*, par M. le colonel De La Lande ; — *à la mémoire
de Du Guesclin*, par M. Delavie ; — *à l'union de tous les Français*, par
M. le comte de Querhoënt, président des commissaires de la fête, etc. »

« Après le banquet, les autorités et les convives, précédés de la gendarmerie, de la garde nationale et de la musique, se rendirent, *à deux
heures*, sur la place Du Guesclin, etc. Il est impossible de décrire l'af-
fluence immense d'un peuple désireux de voir les traits de l'illustre
Connétable. A peine eut-on levé le voile qui couvrait la statue, que le
canon et la mousqueterie saluèrent le héros, auquel l'arrondissement de
Dinan se glorifie d'avoir donné le jour, etc. »

soit dans le chœur , soit entre les quatre pilliers du clo-
cher.

ART. 12.

La cérémonie religieuse terminée, l'urne sera transportée dans le caveau qui aura été disposé pour le recevoir.
Il sera fermé par la même pierre sépulcrale qui couvrait
le Cœur et qui était placé dans l'église des ci-devant
Dominicains de cette ville. La pierre sera placée de manière qu'on puisse facilement lire l'épitaphe, qui est gravée
dessus

Les armoiries du Connétable, peintes sur verre, seront
placées dans le vitrail, en face du nouveau monument. Le
procès-verbal de la Translation sera gravé sur une plaque
qui devra être incrustée dans la muraille, auprès du tombeau, dans l'endroit le plus apparent.

ART. 13.

Il sera reporté procès-verbal (1) de la cérémonie en quin-
tuples expéditions; l'une pour être adressée à S. E. le
Ministre de l'intérieur, par l'intermédiaire de M. le Préfet;
l'autre envoyée à M. le Préfet; la troisième déposée aux
archives de la Sous-Préfecture ; la quatrième en celles de
la Mairie; et la cinquième remise à M. Néel, propriétaire
du Cœur, de la pierre sépulcrale et des armoiries, et qui
en fait don.

---

(1) Il nous a été impossible de nous procurer cette pièce, soit à Saint-
Brieuc, soit à Dinan. Quant à celle destinée à M. Néel, ayant été oubliée
dans les cartons de la Sous-Préfecture , elle est devenue, nul doute, la
proie des flammes , lors de l'incendie (5 février 1848) du bureau de
cette administration.

C'est donc au ministère de l'intérieur que nous nous sommes adressé
pour avoir ce document.

LE SOUS-PRÉFET ET LE MAIRE DE DINAN,

A LEURS ADMINISTRÉS.

—

La Translation du Cœur du Connétable Bertrand Du Guesclin, se fera lundi prochain, 9 de ce mois. Le cortège se réunira à l'hôtel de la Sous-Préfecture, à neuf heures et demie du matin, pour se rendre à l'église paroissiale de Saint-Sauveur, où, après les cérémonies religieuses, le dépôt du Cœur aura lieu dans le tombeau qui aura été préparé à cet effet, en conformité des ordres de Son Excellence le Ministre de l'intérieur.

A Dinan, le 7 juillet 1810.

CH. NÉEL,
Sous-Préfet,

R. LE CHEVALIER,
Maire.

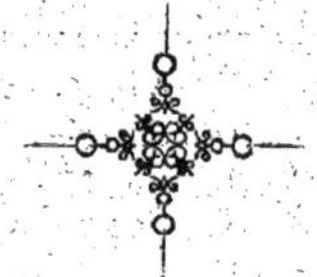

Testament

du Connétable Bertrand Du Guesclin.

IN NOMINE DOMINI NOSTRI JESU-CHRISTI AMEN. INCARNATIONIS DOMINICÆ ANNO EJUSDEM 1380 DIE NONA MENSIS JULII ET PONTIFICATUS SANCTISSIMI IN CHRISTO PATRIS ET DOMINI CLEMENTIS SEPTIMI INDICTIONE SECUNDA. NOVERINT UNIVERSI QUOD SERENISSIMUS POTENTISSIMUSQUE DOMINUS BERTRANDUS DU GUESCLIN COMES LONGUEVILLE, CONNESTABULUS FRANCIÆ SUUM CONDIDIT ULTIMUM TESTAMENTUM DE BONIS SUIS DISPONENDO ET ORDINANDO PER MODUM QUI SEQUITUR INFRA SCRIPTUS.

Au nom de la benoiste Trinité le Père, le Fils et le Saint-Esprit. Nous Bertrand du Guesclin, comte de Longueville, sain de notre pensée, combien que par grâce de Dieu nous soyons infirme de corps, sçavant qu'il n'est rien plus certain que la mort, ne rien plus incertain que l'oure d'icelle, ne voulant pas deceder intestat, faisons et ordonnons notre testament ou dernière volonté en la forme et manière qui s'en suit :

Premièrement Nous commandons notre âme à Dieu, à sa glorieuse mère et à toute la compaignie des cieux. — Item nous elisons la sepulture de nostre estre faite l'église des Jacobins de Dinan, en la chapelle de nos prédecesseurs, et notre servige estre fait comme nos Executeurs verront que à faire sera, et à iceux Religieux nous donnons et laissons le prix que cousteroit ou dit païs une fois payées cinquante livres de rente,

pour le remede et salut des âmes de nous et de nos
prédécesseurs. — Item nous voulons et ordonnons nos
amendes estre duëment faites, et nos debtes estre peyées
à ceux à qui il apparoistra duement nous estre tenus. —
Item nous ordonnons qu'un Pelerin soit pour nous envéé
en veage à Saint-Charles, et à Saint-Yves en Bretagne,
et à chacun d'iceux cinq cent livres de cire ; — Item
nous donnons et laissons à la réparation de l'église de
Chisec cent francs une fois payés. — Item ; nous donnons et laissons à toutes les paroisses où nous avons
aucuns héritages, à chaicune uns vestements de sainte
Eglise bons et suffisans pour estre nous et nos predeces-
seurs participans ez prières desdites Eglises. — Item,
nous commandons et ordonnons que la chapelle que nous
avons autrefois ordonnée à faire à Saint-Sauveur de Dinan
d'une messe par chacun jour, soit parfaite jusqu'à trente
cinq livres de rentes, si elle ne l'est dès à présent, pour
le remède et salut de l'âme de nous. — Item, nous donnons à Bertrand du Guesclin fils de notre cousin Messire
Ollivier du Guesclin, ce que deux cent livres de rente
pourront couster pour convertir en héritage en Bretagne,
où la rente ly estre payée, jusqu'à temps que le payement l'y en soit fait. — Item nous donnons et laissons
à nos serviteurs qui s'ensuivent les sommes cy après de-
clarées, pour les bons services qu'ils nous ont faits et
pour le salut de notre âme c'est à savoir à Thomas Guil-
loteaux cent livres, à Racoillé cent livres, à Jean Du
Fresne cent francs, à Goust des Portes cent francs, à
Hervé Hay cent francs, à Breton de nostre bouteillerie
cinquante livres; à Bodigan cinquante livres; à Monsieur
André Thebault cent francs, à Hennequin cinquante livres,
à Ferrandille cinquante livres ; à Joachim de Sommières
cinquante livres, à Guillaume de Maczon cent francs, à

Jean du Fournet cent francs, à Perrot du Fournet cent francs ; à Maistre Jean Le Gué cent francs, à Maistre Thomas Medeon cent francs, à Taillebodin cent francs ; à Cenoillet cent francs, à Robinet de la cuisine cinquante livres. — Item, nous voulons et ordonnons que tous ceux qui ont eu administration, ou reçu aucune chose du nostre ou de nos choses, à cause de nous., en rendent compte à nos Exécuteurs, et si ils doivent qu'ils payent, ou si on leur doibt, qu'il leur soit payé. — Item, Nous connaissons devoir à Messire Hervé de Mauny mille francs de pur prest en or comptant, que nous lui avons ordonné estre payé par le Trésorier, lesquels nous luy ordonnons estre payés par nos Exécuteurs. — Item, nous connaissons avoir autrefois donné à Messire Alain de Burleon cent francs de rente à son viage que nous voulons et ordonnons ly estre payé par nos héritiers et exécuteurs, pour les bons services qu'ils nous a faits. — Item, nous voulons et ordonnons que Geoffroy de Quedillac soit récompensé sur notre terre, si il avenoit qu'il perdit la sienne pour estre venu à nostre service, de tant comme il perdroit. — Item, nous voulons et ordonnons que le testament de nostre feue compagne, dont nous sommes chargé, soit parfait et accompli par nos Exécuteurs : — Item nous ordonnons que Jean Le Bouteiller compte o nos Exécuteurs et que ce qui sera dub lui soit payé. — Item nous voulons et ordonnons que Messire Alain de Burleon soit delivré et acquitté de toutes les obligations en quoy il est tenu pour nous. — Item nous donnons et laissons à nostre amée compaigne pour les bons et agreables services qu'elle nous a faits, tout le residu de nos biens meubles, nostre dite execution préalablement accomplie, et avec ce voulons et ordonnons qu'elle jouisse, le cours de sa vie seulement, des conquests faits par nous, le mariage de le et de nous durant.

Et pour l'exécution des présentes, ordonnons tous nos biens meubles estre obligés, desquels nous transportons dès à présent, pour ce faire, la saisine et possession à nos Exécuteurs, et ou cas qu'ils ne pourraient fournir à ce, nous voulons et ordonnons de nos héritages estre vendus pour le parfaire par la main de nos Exécuteurs, comme ils verront qu'à faire sera. Et nous elisons nos Exécuteurs pour nostre dernière execution faire et accomplir, c'est à sçavoir nostre dite amée compagne, Messire Ollivier de Mauny, Messire Hervé de Mauny, et Jean Le Bouteiller, lesquels nous prions qu'ils en veuillent prendre la charge, et les choses devant dites loyalement accomplir ; et nous voulons que si tous ensemble ne pouvoient ou ne vouloient à ce vaquer ou entendre, que trois ou deux d'eux le puisse parfaire accomplir, non obstant l'absence des autres ; auxquels nous donnons pouvoir de corriger, d'accroistre ou d'amenuiser ce qu'ils y verront qu'à faire sera en ce présent testament ; et voulons et ordonnons que ce soit nostre dernier testament ou volonté, et que s'il ne pouvait valoir en tout, que il vaille en la partie que il devra et pourra mieux valoir, tant de droit que de coustume, sans que l'une des parties soit corrompuë ou viciée par l'autre ; et renonçons et rappelons tous autres testaments, si avant en avions fait autrefois. Et pour ce que soit chose ferme et estable ou temps à venir, nous requerons à Jacques Chesal Clerc, Notaire et Tabellion Apostolique, que en tesmoin de ce il fasse instrument et mette son seing à ce présent testament ; et requerrons à ceux qui cy après suivront, que au temps à venir, si mestier est, ils en soient tesmoins : C'est à sçavoir Juhel Rolant, Jean de Perchon, Robert de Champagné, Guillaume Huson, Jean de Listré,

Jean du Couldray, Guillaume du Couldray, Ollivier Lon-
cel, Pierrot Maingui, et plusieurs autres à ce appelés.

Ce fut fait en la maison de nostre habitation au siège
devant Chateauneuf de Rendan en la sénéchaussée de
Beaucaire, l'an et le jour dessus dits.

QUOD IDEM TESTIMONIUM, ET OMNIA ET SINGULA SUPRA SCRIP-
TA PER EUMDEM TESTATOREM ORDINATA, FUERUNT PER ME
DICTUM NOTARIUM IN PRÆSENTIA, SUPRADICTORUM TESTIUM
LECTA, PUBLICATA, AC NOTIFICATA, VOLENTE ET REQUIRENTE
TESTATORE, SUPRADICTO, DE QUO ME DICTUM NOTARIUM RE-
QUISIVIT FIERI ET CONFICI PRÆDICTUM PUBLICUM INSTRUMEN-
TUM, UNUM VEL PLURA ET TOT QUOD FUERINT SIBI AUT SUIS
NECESSARIA AD DICTAMEN CUJUSQUE SAPIENTIS, IPSO PRODUCTO
VEL NON PRODUCTO IN JUDICIO VEL EXTRA, SUBSTANTIA NON
MUTATA. IN PREMISSORUM TESTIMONIUM ET AD MAIOREM FIRMI-
TATEM PREMISSORUM, EGO DICTUS NOTARIUS PREMISSA OMNIA
IN NOTAM RECEPI ET ALIIS OCCUPATUS NEGOCIIS PERFIDELEM...
.... SUBSTITUTUM MEUM HOC PRÆSENS ET PUBLICUM
INSTRUMENTUM IN HANC FORMAM PUBLICAM REDEGI SCRIPSI,
SUBSCRIPSI, ET APPOSUI SIGILLUM MEUM.

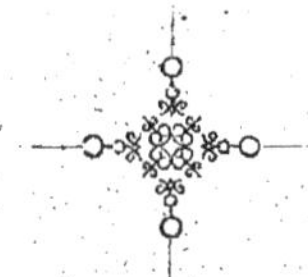

Codicille

du Connetable Du Guesclin.

Sçachent tous présens et avenir que nous avons au-
jourdhuy veü diligemment, regardé et leu de mot à mot
en nostre Cour à Angers, une lettre saine et entière en
scel et escriture, scellée en cuir double du scel de feu
noble et puissant seigneur Bertrand du Guesclin Comte
de Longueville et nagueres Connestable de France, non
cancellée, non mal mise, non corrompue, en aucune
partie d'icelle, de laquelle la teneur ensuilt : Bertrand
du Guesclin Comte de Longueville et Connestable de
France, sçavoir faisons à tous présens et à venir, que
comme nous en nostre testament ayons donné et laissé à
Bertrand du Guesclin fils de notre cousin Messire Ollivier
du Guesclin, ce que deux cent livres de rente peuvent
couster, pour convertir en héritage en Bretagne, ou la
terre luy estre payée jusqu'à temps que le payement luy
en soit faict ; nous, en amplifiant nostre grâce audict
Bertrand, pour ce qu'il porte nostre nom, et de par nous
et pour faveur de plusieurs bons et agreables services
que nostre dit cousin nous a faicts, et esperons qu'il
fera au temps à venir, de notre certaine science et grâce
spéciale, à iceluy Bertrand avons donné et octroyé, et
par la teneur de ces présentes donnons et octroyons les

Ce sceau est apposé sur une quittance en vélin, donnée par Du Guesclin au Duc d'Anjou, frère du Roi, le 10 Août 1374, conservée a la Chambre des Comptes de Paris.

Il portait d'argent à l'Aigle éployée de sable, becquée et membrée de gueules au bâton de même brochant à dextre sur le tout; et pour devise :

Dat virtus quod forma negat.

Publication de Luigi Odorici.

Lith. Landais & Oberthur, Rennes.

FAC-SIMILE

DE LA SIGNATURE

de

BERTRAND DU GUESCLIN,

Pris sur l'original conservé à la Bibliothéque Royale.

dicts deux cent livres de rente, à ly estre assises et as-
signées sur nostre feage et domaine de la Cheverie avec
ses appartenances et sur nos autres terres, de proche
en proche, de pièce en pièce, et de lieu en lieu, jusqu'au dit prix et tellement que ladite rente ne puiss dé-
perir, ou cas que nous n'ayons hoir de nostre chair né
et procréé en mariage, et avoir et tenir ladicte assiette
du dit Bertrand et de ses hoirs et de ceux qui auront
leur cause, pour en faire dorenavant toute sa plaine et
entière volonté comme de sa propre à luy acquise par
droit d'héritaige; et à cet effect tenir et accomplir, fer-
mement et loyalement, et à garder le dict Bertrand de
tous dommages par deffault de sa dicte assiette ly faite
ou aultrement, nous obligeant nous et nos heritiers et
tous nos biens meubles et immeubles présens et à venir,
en quelque lieu qu'ils soient, et chacun pièce pour le
tout, sans que nos hoirs ne autres à cause de nous
applegement, contrapplegement opposer, ne autrement,
puissent aller encontre en aucune manière.

En tesmoin de ce nous avons fait apposer nostre scel
à ces présentes.

Donné devant Châteauneuf de Randan le 10 juillet
de l'an 1380. Ainsi signé : Par Monsieur le connestable,
présens Messire Hervé de Mauny, Messire Alain de Burleon, de Cadillac, Le Maczon. Et ce présent *vidimus*
fut donné à Angers et scellé du scel establi aux constrasts
de nostre dicte cour, le 16° jour d'aoust l'an de grace
1380.

Signé : PINRIOUST.

PROMESSE (1)

Jurée par les Chevaliers & Escuyers de la nation de Bretaigne

DURANS LE SIEGE DU CHASTEL NEUF RENDAN

Le jour de la saincte Trinité en lan de lincarnation 1380.

Je jure la saincte Trinité et sous peine danastheme tenir et servir justement et loyallement soit pour commander ou obeir au Messire Bertran et le suivre en quinconque emprise de par qui ay honnour et regnon.

ONT SIGNÉ :

Loys de Sancerre.	Gabriel de Pleumaugast.
De Clisson.	De la Moussae.
Olivier de Mauny.	Robert de Champagné.
De Montauban.	De Monbourcher.
De Lanvallaie.	De Coetquen.
De Quedillac.	De Langan.
De Bron.	Bertran Saint-Pern.
Jehan du Couldraie.	De Gaël.
De Quebriac.	Jehan Dufresne.
Laroche.	Montmoron.
De Lalande Pestlaie.	Limollan.
Robert de Guitté.	De Vaucouler.
Simon Briant.	La Hussaye.
De Malestroit.	Le Boutillier.

(1) Cette pièce, copiée sur l'original, en parchemin, nous a été communiquée par M. L. De Lavilleneuve, demeurant à Paris, rue de l'Université.

Feron.

Jehan Serren.

La Hunaudaie.

Du Plessys.

Jehan de Perchon.

Guillaume Huson.

De Lorgeril.

Visdelou.

Levoyer.

Lavache.

Hervé De Mauny.

Boudes.

Keradie.

Aynel.

Juhel Rolant.

Guiletau.

Alain Burleon.

Kersaliou.

Du Rougé.

Le Questier.

Maczon.

Percevolt.

Simon Riant.

Mauvoisi.

Lescot.

Guillaume Letort.

Jehan de Listré.

Maingui.

De Lalande Bront.

Alain Lanoe.

Orynel.

Guy Thelen.

De Lourmel.

La Torodaie.

Piedevache.

Lelizart.

Pleuer.

Lejaret.

Lepiedoue.

Levenour.

Lavoye.

Legué.

Peidelou.

Treziguidi (2).

---

(2) Oronville, chroniqueur contemporain, dit que Du Guesclin avait l'habitude d'appeler les hommes de sa première compagnie, qui étaient sortis presque tous de Dinan, de Broons ou des villages voisins, *mes gars*.

TABLE DES MATIÈRES.

PUBLICATIONS

DE

M. Luigi ODORICI

— DEVOIRS DE L'HOMME ; 1 vol. in-12 — Saint-Brieuc 1834.

— HISTORIETTES MORALES ; 1 vol. in-12., avec gravures — Dinan 1836.

— DINAN ET SES ENVIRONS (Itinéraire) ; brochure in-18 — Dinan 1846.

— ETRENNES DINANNAISES — Publication administrative, commerciale et historique (années 1848, 49, 50 et 51) ; 4 vol. in-18 — Dinan.

— GÉNÉALOGIE DE LA FAMILLE DE LORGERIL ; brochure petit in-fo — Dinan 1850. (Cette publication n'est pas dans le commerce.)

— CHATEAUBRIAND — 1768-1848 — Notices, recueillies et mises en ordre par L. O., brochure in-18 — Dinan.

— CATALOGUE DES OBJETS D'ART ET DE SCIENCES NATURELLES, exposés au musée de Dinan ; 1 vol. in-8° — Dinan 1850.

— DU GUESCLIN — Documents inédits et peu connus, etc. ; brochure in-4°, avec planche (tirée à 75 exemplaires, dont 5 en couleur) — Dinan 1850.

Pour paraître prochainement :

HISTOIRE CIVILE, RELIGIEUSE ET PITTORESQUE de Dinan et de l'arrondissement.

9 782019 990886